U0724432

全媒体时代
高校思想政治教育研究

丁瑞兆　措　吉　周洪军　著

新华出版社

图书在版编目（CIP）数据

全媒体时代高校思想政治教育研究／丁瑞兆，措吉，周洪军著 . -- 北京：新华出版社，2023.11
ISBN 978-7-5166-7158-0

I . ①全… II . ①丁… ②措… ③周… III①高等学校—思想政治教育—研究—中国IV . ① G641

中国国家版本馆 CIP 数据核字（2023）第 217566 号

全媒体时代高校思想政治教育研究

作　　者：丁瑞兆　措　吉　周洪军

责任编辑：丁　勇　　　　　　　　封面设计：魏大庆

出版发行：新华出版社

地　　址：北京市石景山区京原路 8 号　邮编：100040

网　　址：http：//www.xinhuapub.com

经　　销：新华书店

购书热线：010-63077122　　　中国新闻书店购书热线：010-63072012

照　　排：唐山雨滴图文设计有限公司

印　　刷：河北赛文印刷有限公司

成品尺寸：170mm×240mm　　1/16　　字　数：203 千字

印　　张：14.25

版　　次：2023 年 12 月第 1 版　　印　次：2024 年 1 月第 1 次印刷

书　　号：ISBN 978-7-5166-7158-0

定　　价：72.00 元

前　言

随着互联网、社交媒体和移动通信技术的迅猛发展，传统的思想政治教育模式面临着新的挑战和机遇。在全媒体时代，学生获取信息的途径更加多样化和便捷化，他们可以通过互联网搜索引擎、社交媒体平台、移动应用等渠道获取各种各样的信息和知识。这种变化对高校思想政治教育提出了新的要求和挑战，需要更加灵活和创新的教育方法来引导学生正确获取和理解政治、经济、文化等方面的知识，增强他们的思想政治素养和综合素质。

古语有云："人无德不立。"德行是一个人的立身之本，无德之人即便知识渊博、家财万贯，对于社会而言却无益处。高尚的德行和情操一直是中华民族代代相承的美好品质，在华夏人民的血脉里澎湃流淌着，几千年不变不息。立德树人是教育的根本任务，肩负着"给学生的心灵埋下真善美的种子，引导学生扣好人生第一粒扣子"的重大使命。从这个意义上说，如何上好思政课，绝不是教育领域的"家务事"，而是一道必须回答好的时代课题。

当前，我们正处在"两个一百年"奋斗目标的历史交汇期，这是一个"船到中流浪更急、人到半山路更陡"的时候，面临的使命更光荣、工作更伟大。这种大背景下，需要我们培养出一批德智体美劳全面发展的社会主义建设者和接班人，不断运用全媒体创新表达方式，把理论讲深讲透讲活。此外，我们还需要发挥全媒体大数据的信息化技术优势，不断深入分析受众群体，尤其是高校学生与年轻人对思政教育传播内容、传播形式的接受程度，不断完善思政教育中存在的不足与短板。

在信息传播速度快、承载内容多、接受时间短的新媒体融合发展趋势下，如何将高校学生吸引到学校各新媒体平台周围，用什么样的内容黏住学生群体，增强网络思政教育的针对性和实效性，是需要各高校不断深入探索和研究的课题。习近平总书记强调，要加强社会主义核心价值体系建设，倡导富强、民主、文明、和谐，倡导自由、平等、公正、法治，倡导爱国、敬业、诚信、友善，积极培育和践行社会主义核心价值观，使之成为全体人民的共同价值追求。要全面提高公民道德素质，弘扬真善美、贬斥假恶丑，培育知荣辱、讲正气、作奉献、促和谐的良好风尚。①高校网络思政教育要兼具思想性、理论性和亲和力、感染力，就要不断优化宣传文本，深耕"文化土壤"，打造"有态度""有厚度""有温度"的网络文化育人体系，实现"入芝兰之室，久而自芳"，达到固本培元、凝心铸魂的目标。

一、有态度，加强思想引领，筑牢学生思想根基

在当前百年未有之大变局的复杂大背景下，各种思想文化交流交融交锋更加频繁，高校网络思政文化育人要在坚定大学生理想信念上下功夫，帮助他们筑牢思想根基。信念是人生的灯塔，是青年人前进路上的指明灯。"年轻干部要牢记，坚定理想信念是终身课题，需要常修常炼，要信一辈子、守一辈子。"青年人作为祖国的未来、民族的希望，正在凭借自身优势成为一股不可忽视的重要力量。

通过学习和思考，掌握新知识，积累新经验，增长新本领，不断提高科学判断形势的能力，不断提高为人民服务的能力，不断提高总揽全局的能力。用党的创新理论武装头脑，全面系统地学，融会贯通地学，深入领会系列讲话精神的基本内涵，深刻把握贯穿其中的立场观点方法，进一步坚定

---

① 习近平. 胸怀大局把握大势着眼大事 努力把宣传思想工作做得更好 [N]. 人民日报，2013-08-21 (01).

马克思主义、共产主义信仰，坚定中国特色社会主义信念。不断提高马克思主义思想觉悟和理论水平，保持对远大理想和奋斗目标的清醒认知和执着追求。

二、有厚度，深挖校本文化，深植学生精神家园

理想信念是开展网络思政教育的重要内容，是青年学子凝心铸魂、固本培元的重要途径。理想信念是一个人的世界观、人生观和价值观的集中体现。崇高的理想信念是人生的支柱和前进的灯塔。确立了崇高的理想信念，才会有正确的方向和强大的精神支柱，才会"富贵不能淫，贫贱不能移，威武不能屈"，才能抵御各种腐朽思想的侵蚀。年轻人必须拥有理想信念，拥有自己的坚持和目标，一步一步踏踏实实走下去，为实现伟大民族复兴梦贡献自己的力量。坚定信念，筑牢精神之基。立大志、明大德、成大材、担大任，做到在复杂形势面前不迷航、在艰巨斗争面前不退缩。

三、有温度，贴近学生实际，打造学生情感归属

高校网络思政文化育人的对象是在校大学生，要充分研究学生的认知规律和接受特点，充分发挥学生的主体作用，贴近学生思想、情感和生活实际，打造有温度的网络思政文化，满足青年学生成长发展的需求和期待。自古知识分子有"为天地立心，为生民立命，为往圣继绝学，为万世开太平"的优良传统和崇高理想，今天的大学生是明天社会的中流砥柱，他们的理想状态在一定程度上代表将来社会的理想状态。作为整个社会中知识层次较高、认识能力较强的一个特殊群体，他们有没有理想、理想是否远大，关系到高等教育培养人才是否符合社会需要的问题，关系到社会主义事业能否传承下去的大问题，作为党领导下的教育机构，高校有责任、有义务为党和国家的发展培育优良人才，为新时代培育接班人。

　　高校网络思政教育是学生思政教育的有效延伸，构建在理性上说服人、在感性上吸引人的网络思政文化育人体系是思政教育改革创新的重要路径。网络思政就要以优质的文化内容充实网络空间，有效增强网络思政教育的实效性与传播力，确保立德树人根本任务的全面落实。

作者

2023 年 9 月

目　录

第一章　全媒体与高校思想政治教育

在信息无处不在、无所不及、无所不能的全媒体时代，学生的思想观念、认识事物的观点、方法、方式都有了很大的变化。全媒体技术的便捷程度超乎人们的想象，其快速的传播，以及其覆盖面的广泛性，为高校思想政治教育的话语权提供了难得的机遇与挑战。

第一节　全媒体及其相关概念

传统媒体时代，思想政治教育主体凭借教育资源的占有获得话语优势，在很大程度上影响着社会的舆论导向。社会主义主流价值观可以通过书籍、报刊、广播、电视等精准地传递给明确的受教育者，确保思想政治教育实施的有效性，也使思想政治教育主体处于主导地位。

然而，现在以互联网、社交网站、移动传媒等为代表的新兴媒体相互融合开辟全媒体时代的已经到来。各类新媒体改变传统媒体的单向传递模式，可以实现"点对点""面对面"的即时互动，使受教育者也获得话语权，进而实现话语传播主体和受众客体相统一。教育者和受教育者在全媒体空间中都有成为思想政治教育的主体的可能，共同参与思想政治教育活动，增强了对话的平等性。

一、全媒体

"全媒体"是一个融合了当前主流媒体的信息发布平台，包括公众号、软文媒体、微博、朋友圈、自媒体等。展示形式包括文字、图片、动画、短视频等多种内容相互交织、相互渗透，并以此为依托，通过特定的媒介进行广泛、大众的交流。从外延上来看，包括传统的报刊、广播、电视以及电脑、手机、数字电视终端等。而且，全媒体的传播和接受途径也变得越来越多元化，变得越来越有选择性，各种信息可以通过手机、网络、数字电视等多种媒介进行传播、扩散，我们可以根据自己的喜好，选择自己想要的信息。

全媒体这个概念界定为：全程媒体、全息媒体、全员媒体、全效媒体，这既是媒体发展的现状，也是目标，更是今后媒体工作者的工作语境。全媒体即"万众皆媒、万物皆媒"。全媒体是指基于互联网技术，将传统媒体、社交媒体、移动互联网、物联网等多种媒体形态和渠道，进行整合和融合，以满足用户多元化、个性化和实时化的信息需求的一种新型媒体形态。全媒体的特点包括以下几个方面：

（1）多媒体融合：全媒体将文字、图片、音频、视频等多种媒体形态进行融合，形成全方位、多角度的信息呈现。网络媒体是真正的数字化媒体。在互联网上，文字、图像和声音归根到底是通过"0"和"1"这两个数字信号的不同组合来表达。这使得信息第一次不仅在内容上，而且在形式上获得了同一性。数字化的革命意义不仅是便于复制和传送，更重要的是方便不同形式的信息之间的相互转换。互联网媒体的全球化特征主要体现在信息传播的全球化和信息接受的全球化。互联网媒体打破了传统媒体的传播范围多限于本地、本国的束缚，其受众遍及全世界。互联网媒体的这一特征，有利于地方性媒体与全国性媒体、弱势媒体与强势媒体的竞争，甚至个人网站也可以在一夜之间被全世界网民关注。

互联网媒体整合了报纸、广播、电视三大媒介的优势，实现了文字、图片、声音、图像等传播符号和手段的有机结合。无论是报纸、广播、电视，在单位时间（节目）和空间（版面）中所传播的信息，都是有限的，而互联网媒体贮存和发布的信息容量巨大，有人将其形象地比喻为"海量"。美国麻省理工学院媒体实验室主任尼古拉·尼葛洛庞蒂指出：信息社会，其基本要素是比特。比特没有重量，易于复制，可以极快的速度传播。在它传播时，时空障碍完全消失。比特可以由无限的人使用，使用的人如果越多则其价值就越高。

互联网媒体超文本链接的方式，将无限丰富的信息加以贮存和发布，用户可以很方便地输入关键词进行资料检索。互联网媒体传播速度快捷，信息来源广泛，制作发布信息简便。因此，它可以用来随时发布新闻，尤其在报道突发性事件和持续发展的新闻事件方面，互联网媒体的"刷新"更换功能比传播媒体的"滚动播出"更胜一筹。网络信息传播速度很快，具有很强的时效性。网络媒体在新闻传播上，表现出一种实时传播的特征。

（2）多渠道传播：全媒体通过多种渠道，如网站、社交媒体、App、微信公众号等，进行信息传播和推广。除了新媒体，还可以利用传统媒体：电视、电梯、公交、报纸、广播。随着媒体种类的分化，面临的新选择越来越多，互联网、IT、通信等高科技正在改变消费者的接受行为。新媒体出现时，旧媒体并没有消亡。它们最终将和世间万物一样，在媒体大家庭里，彼此和平相处，共生共荣。

自从国际互联网出现后，媒介与公众的传受地位发生了重大变化，尼葛洛庞蒂对这种变化有详细而形象的描述："数字化会改变大众传播媒体的本质，'推'（pushing）送比特给人们的过程将一变而为允许大家（或他们的电脑）'拉'（pulling）出想要的比特的过程。这是一个剧烈的变化，因为我们以往媒体的整个概念是，通过层层的过滤之后，把信息和娱乐简化为一套'要闻'或'畅销书'，再抛给不同的'受众'。"由"推"到"拉"不仅是一个动作的变化，更重要的是它把网上信息变成一个世界范围的"信息超级市场"，网民在其中可按自己的意愿各取所需。

（3）多元化内容：全媒体提供多种类型、多样化的内容，如新闻、资讯、娱乐、知识、教育等，以满足用户不同的需求和兴趣。受众可以在自己许可的时间与地点上网，接受信息、消化信息。互联网媒体的多元性特征，首先，表现在传播主体上，互联网媒体世界不是专门的哪一家新闻传播机构所独有，从网络属性上讲，政府、企（事）业网站乃至个人网站都有能力发布新闻，成为传播新闻的主体；其次，互联网媒体的全球化特征，决定其文化的多元性，它通过超链接、超文本的手段，运用数字技术，将全球文化用网络的方式联结在一起；最后，互联网媒体的传播方式也具有多元性的特点。

（4）个性化服务：全媒体的出现，对传统媒体和新兴媒体都带来了巨大的影响和挑战，也为用户提供了更加便捷、丰富、个性化的信息服务。同时，全媒体也促进了各行各业的数字化转型和创新，成为推动经济社会发展的重要力量之一。信息的丰富多样性与无限性，指网络媒体在信息传输量上具有无限的丰富性，在信息形态上具有纷繁的多样性。

博客、播客等新的传播方式使得每一个人都成为信息的发布者，个性地表达自己的观点，传播自己关注的信息。传播内容与传播形式等完全是"我的地盘我做主"。个性化的传播方式一方面让众人体会着发布信息、影响他人的快感同时也带来了个人隐私泛滥、内容良莠不齐的弊端，为管理带来困难，也为受众的信息选择能力提出了更高的要求。

二、全媒体时代

全媒体时代是一个人人都能参与、人人有发言权、人人都能引发交流的时代。以图文、音、影、虚拟现实等多种表现形式，充分反映了全媒体时代的全息特性；一件事从发生到结束的全过程，能够让所有人都能参与记录、评论、表达自己的意见，这是全媒体时代的全过程特征；每一个人都可以将自己的生活经历分享给媒体，将自己的情绪、对事物的看法、对人生的理解，都记录在网络上，充分反映全媒体时代全员特征；短视频、直播等可视化的媒介，随着时间的推移，已经逐渐成为一种流行趋势，它可以很好地适应现代社会的工作和生活，同时也加强了信息的传播。这是一个新的时代，也是一个信息传播权、参与权、发言权的时代。我们是在这样一个时代长大的，我们有责任运用时代所给予的科技，推动学校思想政治教育的进一步普及与发展，为社会培养出更多的优秀学生。

在全媒体时代，对于"全媒体"的定义，在《凤凰全媒体》这本书里，指的"全"不仅包括报纸、杂志、广播、电视、音像、电影、出版、网络、电信、卫星通信等各类传播工具，涵盖视、听、形象、触觉等人们接受信息的全部感官，而且针对受众的不同需求，选择最适合的媒体形式和渠道，深度融合，提供超细分的服务，实现对受众的全面覆盖及最佳传播效果。全媒体从新媒体的转变，到达更动态、更灵活、更随机的媒介使用。媒介的时代变迁，就要提到媒介理论家麦克卢汉。在那本《媒介即信息》，明确提出了媒介即讯息的观点。媒介是人的延伸，感官器官都在进行享受信息。媒介的变革在不停地转变，人类文明经历了四次传播变革，从文字、印刷术、电信技术到互联网。但传播媒介上已经从新媒体到全媒体进行变迁。

全媒体时代已经深入各个媒介领域，传统媒体多数是文字的表达，而全媒体不仅包括传统媒体，而且还包括数字媒体，它包含互联网、移动终端、社交媒体等。它不再局限于文字的形式，更多是多元化的形式。在《全媒体运营师》这本书中，更深刻地指出全媒体运营法则。而且新闻行业也进入全媒体时代，《全媒体新闻采写教程》指出，全媒体新闻采写是使文本的形式更为丰富。在内容的呈现上，不再是单一化的形式，全媒体具备更多元化的形式。覆盖视听等享受，不再是单一的体验。从触觉到听觉，全媒体更现代，也更具灵活性。而传统媒体都在渐渐转型到媒介端。麦克卢汉的《理解媒介》中是这么说电视媒介的，即使对一种媒介的独特力量有最清楚的了解，你也无法阻挡正常的感知"关闭"；感官使我们顺应自己接受的经验模式。

全媒体时代迎来了技术变革，从手机端到平台端，都有技术的变革，都使全媒体更为丰富。麦克卢汉的《理解媒介》把媒介分为"热媒介"与"冷媒介"。热媒介指的是书籍、报纸、广播、照片；冷媒介指的是动画、有声电视。而全媒体时代更多指的是手机、电视、电脑的终端，但它包含冷媒介和热媒介。它并不是人工智能、大数据时代等"智媒体"的新兴技术，它更多是在用多媒体的手段呈现出内容。它的技术变革更在于使用多媒体的手段在传播上实现变革。数字技术是全媒体带来的理念，技术的变革使得人从感官到皮肤都能深刻感受到媒介带来的变化，传播方式都有深刻的技术变革。"部落化""地球村""元宇宙"是万物皆媒时代的产物，我们能在媒介感受到世界的存在，犹如《黑客帝国》，人物能走入媒介，进行感受异端世界的存在。而文字更不具备感官的感受，但全媒体时代也是新的感官感受，也带来新的技术变革。

三、全媒体的传播特征

互联网技术的迅速发展，新兴传播平台不断涌现，进入了一个全媒体时代。全媒体对高校思想政治工作提出了新的挑战。全媒体时代呈现出信息传播多元化、载体移动化、内容碎片化、传播社交化的特征，导致舆论场"众声喧哗"，情绪多、事实少，假新闻不时出现。从时间维度、空间维度、主体维度、效能维度来观察，全媒体有四个基本特征：全程媒体、全息媒体、全员媒体、全效媒体。

所谓"全程"，是指客观事物运动的整个过程都会被现代信息技术捕捉、记录并存储。这属于时空维度。传统媒体的传播方式是单向、线性、不可选择的。它集中表现为在特定的时间内由信息发布者向受众传播信息，受众被动地接受没有信息的反馈。这种静态的传播方式使得信息不具流动性。而全媒体的传播方式是双向的、传统的，发布者和受众现在都成了信息的发布者，而且可以进行互动。

所谓"全息"，在这里的意思是媒体信息格式多元，如文字、图片、音频、视频等。与传统媒体相比，全媒体在传播内容方面更为丰富，文字、图像、声音等多媒体化成为一种趋势。与此同时交融性还表现在终端方面，一部手机不仅仅可以用来通话、发短信，同时还可以用来听广播、看电视、上网，多种媒体的功能集合于一身，而这些功能的实现是以互联网、通信网、广播电视网等多种网络的融合为基础的。无线移动技术的发展使得新媒体具备移动性的特点，用手机上网、看电视、听广播，在公交车、出租车上看电视等越来越成为普遍的事情。随着 4G/5G 技术的到来，移动性的特点将成为未来新媒体的主要特性。

所谓"全员"，是指社会方方面面各种主体（个人、各类机构等）都在通过网络进入社会信息交互的过程中。全媒体更加强调全民参与，社会全员皆可借助于智能媒体与网络技术参与到信息传播当中，即"全员媒体"。同时，媒体中的全员又根据个人行为、价值取向和兴趣爱好，形成了各种各样新型的社群，建立联系，如哔哩哔哩已有 8000 多个社群小组。全媒体运营是一种新型的职业，哪个年轻人不喜欢抖音、B 站、虎牙这些平台？全媒体运营就是通过这些平台去运营宣传，不仅包括文案的写作、图片的选择，更多偏向于直播和短视频。

所谓"全效"，是指媒体功效的全面化。传播速度实时化技术的发展使得新媒体可以实现实时的传播。不再需要复杂的剪辑和烦琐的后期制作与排版，技术的简单便捷使得信息可以在全球范围内实现实时传播。这一优势是任何传统媒体无法比拟的。显然，这样的"全媒体"只能依托互联网技术而产生和存在，不能按照传统思维，将它理解为媒体种类的"全"。

四、全媒体背景下高校思想政治教育的特点

（一）多样性与全面性

全媒体为高校思政教育提供了更多元化的传播渠道和教学手段，通过利用新媒体平台的多样性和全面性的特点，高校思政教育可以更加灵活地进行

内容传播和教学实践，提高教育效果，培养学生的思想道德素养和创新能力。具体内容如下：

首先，全媒体平台的丰富多样性为高校思政教育的传播提供了更多选择，高校可以通过微博、微信公众号等社交媒体平台，发布思政教育的文字、图片、音频和视频内容，使学生可以通过手机等移动设备随时随地接触到思政教育的信息；其次，全媒体平台的特点使高校思政教育可以采用多种教学手段，例如，可以通过短视频平台制作思政教育微视频，生动形象地呈现思政知识，吸引学生的注意力，通过在线讨论区开展学生思政话题的讨论，促进学生之间的交流和思想碰撞，通过网络问答、在线测试等形式对学生进行知识检测和学习反馈；另外，全媒体的普及和广泛应用使得高校思政教育的受众群体更加广泛，不仅可以覆盖到校内学生，还可以扩大到社会公众、校友等更广泛的群体。通过在新媒体平台上发布思政教育内容，高校可以将思政教育的影响力扩大到更多人群，提高社会对思政教育的认知度和重视程度。并且，全媒体的个性化特点使得高校思政教育可以更好地满足不同学生的需求，学生可以根据自己的兴趣和学习风格选择合适的媒体平台和内容形式进行学习，比如喜欢通过观看视频学习，可以选择观看思政教育微视频，喜欢阅读文字，可以选择关注思政教育的微信公众号获取相关文章，这样的个性化选择可以增加学生的学习主动性和积极性。

（二）互动性与参与性

互动性与参与性是全媒体教学的另外一大特点，能够更大程度地激发学生的学习兴趣和积极性，学生不再是被动接受知识，而是能够主动参与到思政教育的过程中，发表自己的观点、思考问题，培养批判思维和创新能力。具体内容如下：

首先，高校可以在全媒体平台上创建专门的思政教育讨论区，为学生提供一个自由交流的空间，学生可以在讨论区发表自己的观点、分享自己的想法，与其他同学进行互动和讨论，通过多样的话题和观点碰撞，学生可以扩展自己的思维，学会倾听他人的声音，培养批判性思维和辩证思维能力；其次，高校可以利用新媒体平台进行直播活动，邀请专家学者、校内教师等进行在线授课或主题讲座，通过直播的形式，学生可以实时与讲者进行互动，提出问题、发表意见，直播互动能够打破传统教学的时空限制，使学生能够远程参与教学活动，提高学习的灵活性和参与度；其次，高校可以通过新媒体平台开展网络问答活动，鼓励学生提出问题并得到解答，学生可以在平台上提出思政教育相关的问题，由教师或专家进行解答，这种形式可以促进学生对知识的深入理解，解决疑惑，增强学习的效果。

（三）实时性与时效性

新媒体传播具有实时性和时效性，高校可以及时关注社会热点、时事热点，将其融入思政教育中。具体内容如下：

高校通过新媒体平台可以迅速获取和传播社会热点事件的信息，利用微博、微信公众号等渠道及时发布相关新闻、解读和评论，引导学生了解和思考社会热点事件的背景、原因和影响，通过对社会热点的关注，可以让学生了解当下社会的发展变化和问题，增强他们对社会问题的认知和理解能力。另外，高校可以将社会热点和时事热点融入思政教育中，使教育内容与学生生活紧密联系起来，通过发布相关评论文章、思政课程等，教师可以引导学生对社会热点问题进行深入分析、思考和讨论，这种方式能够帮助学生认识到社会问题的复杂性和多元性，培养他们的分析和判断能力。并且，通过关注实时的社会热点和时事问题，高校可以培养学生的社会责任感和公民意识，学生在接触到各种社会问题的同时，也能够意识到自己作为公民的责任和义务。最后，高校可以通过新媒体平台开展相关话题或者新闻的讨论和活动，引导学生参与公益事业、社会实践等，通过这种方式培养学生的社会责任感和参与精神。

（四）跨时空与跨地域

新媒体突破了传统教育的时空限制，高校思政教育可以跨越地域和时区，实现教育资源的共享。具体内容如下：

高校可以通过新媒体平台提供在线课程，学生可以根据自己的时间和地点灵活学习，这种方式突破了传统课堂的时空限制，学生不再受限于特定的教室和上课时间，可以根据自己的安排进行学习，同时，高校可以邀请国内外优秀教师进行在线授课，学生可以接触到更广泛的教育资源，拓宽知识面和视野。另外，新媒体平台可以为高校思政教育提供远程讲座的机会，高校可以邀请国内外知名专家学者通过视频直播等形式进行远程讲座，学生可以在校园或者自己的居住地参与，这种形式不仅节约了时间和成本，还能够拓宽学生的学术视野，引导他们了解国内外最新的思政教育研究和发展动态。另外，通过新媒体平台，高校可以将思政教育的教育资源进行共享，不同高校之间可以通过在线平台分享教学资料、教案、教学视频等，提高教育资源的利用效率和广度，学生可以从不同高校的优秀教学资源中受益，获得更加多样化和丰富的思政教育内容。

第二节　　全媒体时代高校思想政治教育的研究框架

中国共产党始终强调思想政治教育是党的一切工作的生命线，党中央多次印发相关文件。2017 年中共中央、国务院印发《关于加强和改进新形势下高校思想政治工作的意见》《关于深化新时代学校思想政治理论课改革创新的若干意见》等，对思政课建设的战略地位、指导思想、基本原则、主要任务、有效途径、根本保障等都做了与时俱进的科学阐释，有力激发了全党全社会办好思政课的信心，提升了思政课建设质量。

一、研究思路

当下，我们已经进入了全媒体时代，可以说信息无处不在、无所不及、无人不用，这对思想政治教育来说是一次重大机遇与挑战，如何借助全媒体营造良好的舆论氛围、优化思政教育舆论环境是我们要做的"大事中的要事"。思想政治教育在各级各类学校都要摆在重要位置，任何时候都不能放松和削弱。思想政治素质是最重要的素质。不断增强学生和群众的爱国主义、集体主义、社会主义思想，是素质教育的灵魂。

社会发展向人提供物质的、精神的发展条件，决定着人的发展；个人的发展依赖于社会发展，社会发展促进个人的发展。个人发展对社会发展具有促进作用，人本身的发展既是衡量社会进步的内在尺度，也是推动社会前进的内在动力。二者是一个双向同步的统一运动过程，统一的基础是社会发展。社会进步和个人发展应该达到高度的一致性。基于这种高度的认识，高校思想政治教育的目标定位，应该同时满足社会发展和个人发展，达到社会性和个人性的统一。

个人发展与社会发展之间客观地存在着辩证统一性，这种辩证统一性是高校思想政治教育所遵循的。高校思想政治教育目标的制定既应遵循从个人需要出发，又应从社会需要出发，只有这样，才能既促进个体发展又促进社会发展，使个人发展与社会发展之间形成一个良性循环。否则，单从个人发展出发或单从社会发展出发，都只能适得其反。为保证其方向的科学性和正确性，满足社会发展进步的需要，这必然要求高校的思想政治教育的目标定位适应，并服从于社会主义物质文明和精神文明发展的要求。

做到科学性和正确性，必须理解"内化"与"外化"。"内化"与"外化"是大学生思想品德形成过程中的两个阶段，这两个阶段互相交叉、互相转化。在这两个阶段，"内化"起着重要作用。大学生思想政治品德的养成要求把社会习俗逐渐"内化"为大学生的思想观点、理想信念，然后把这种内在素质"外化"为行为习惯。在这种由"内"而"外"的过程中，大学生的思想政治素养得以提升。"内化"和"外化"的过程必须是以大学生个性心理特征和成长规律以及心理状况为前提的，通过这种前提性的保障，进而达到社会进步的需要和个人发展的需要的辩证统一。只有这样才能保证高校思想政治教育的科学性，达到高校思想政治教育的目标。

二、重要意义

全媒体时代的学生思想政治教育，就是学校要根据学生的实际情况，利用现代信息技术，有针对性、有方案、有途径地开展学生的思想政治教育活动。同时，学校思政课教师也要充分运用自身的教学才干和语言表达能力，具有自己独特的教学特点和教学风格，从而引导学生形成正确的价值观，使其成为适应时代发展要求的有用人才。"全媒体"学生的思想政治教育，是一种全新的、深度融合学生思想政治教育和"全媒体"的新兴学科，它推动了时代的发展，使其学科范围涵盖了社会的方方面面，最后才能适应社会发展的需求。

思想政治教育作为开学第一课，是莘莘学子步入校园的重要一课，不仅是为广大学子学好各项专业课和业务课打好基础，同时更是为广大学子的今后人生起好步、开好头。我们发现，无论是小学教育的道德与法治，还是初中高中的思想政治课程，这些都是思想政治的重要组成部分，可以说思想政治教育伴随着学子学校教育的始终，伴随着学子成长的始终，思想政治教育不仅仅能够使得广大学子正确认知当前国家的政治重要信息和知识，同时对年轻人的价值观、世界观、人生观等方面都有着重要的引导作用，因此我们必须牢牢抓好思想政治教育这第一课。

三、基本范畴

首先，要注重以情感人。年轻人想法新奇，因此我们在做好思想政治教育中，就不能忽视与青年的情感交流，要通过青年的喜怒哀乐，洞察到隐藏在这些情感态度背后的需要与愿望，进一步分析和预测，从而让思想教育入耳、入脑、入心。我们的思想政治教育不是枯燥的，不是无味的，更不应该是填鸭式的教育，思想政治教育将思想放在首位，意思就是要注重思想上的交流，将年轻人的思想统一到社会主流当中来，将年轻人的思想拨正到正确的方向上来。

其次，要注重寓教于乐。青年人思维活跃，视野开阔，因而要求思想政治工作者根据当前青年的新情况、新特点、新变化，举行寓教于学、寓教于乐的教育活动，使思想政治教育形式多样、贴近生活，更能吸引年轻人的兴趣。近些年，我们的学校在做好思想政治教育的同时，将当下的时事热点借助多媒体的平台在广大学子中展示，既增强了教育的多样性，也使得广大青年加大了对时事热点知识的了解和掌握。

最后，要注重不断强化。新时期青年思想政治工作只能加强，不能削弱。我们要继承和发扬我党思想政治工作的优良传统，不断研究和探讨新时期思想政治工作的新思路、新方法、新途径，将思想政治教育作为学子步入知识海洋的第一课，切实发挥思想政治的引领作用。真正让广大学子能够正确面对今后的人生，成为真正的社会栋梁之材。

第三节　全媒体时代高校思想政治教育的学科特点

一、全媒体时代高校思想政治教育的学科特点

古人说："敬教劝学，建国之大本；兴贤育才，为政之先务。"教育是民族振兴、社会进步的重要基石，是功在当代、利在千秋的德政工程，对提高人民综合素质、促进人的全面发展、增强中华民族创新创造活力、实现中华民族伟大复兴具有决定性意义。青少年是祖国的未来、民族的希望。思政教育信息化是目前改善思政教育困境的最有效手段，微时代下微课短视频教育不仅为了让学生更直观、高效地学习思政课程，了解知识内容，更重要的是采用这种信息化教学手段相比于枯燥的线下思政课堂更能让学生提起学习、探讨的兴趣。时代变了，我们的教学途径、教学方式、教学思路也要紧跟时代

的变化做出相应的改变，让思政课堂"活"起来。

全媒体时代，我们舆论生态和舆论环境发生了巨大变化，网上舆论调控成为当前新闻宣传工作的重点和难点。全媒体时代是信息技术高度发达、媒体形态多样化的时代，高校思想政治教育需要充分利用新媒体技术手段，注重多媒体融合，通过结合文字、图片、音频、视频等多种形式，让思政教育更加生动有趣。

（一）开放性教育空间

在全媒体时代，科学技术赋予信息以更加灵活的方式传递，打破了时间和空间的局限。特别是近几年受新冠疫情影响，全体员工在家办公，本着"停课不停学"的原则，学校师生在线授课，线上教学蓬勃发展，渗透率进一步提升；网络教育的接受程度和认可程度也是前所未有的。教师可以借此机会整合网上资源，进行课堂教学录制，或通过网上一对一或多人互动，让学生在自己的时间和空间里反复观看课程和授课过程，并根据自己的需要和兴趣来选择自己喜欢的内容；还可以通过互联网平台将分散的信息进行整合，使其更加高效地被使用。老师和学生们可以通过网络进行面对面的交流，既方便又快速，又可以通过网络进行交流和讨论。同时，还可以与国外的专家进行直接的沟通，扩大学生的思想政治教育，促进教育信息化。这种全媒介化的教学方法，使单位时间的容量得到了扩展，学生的时间和空间得到了扩展。

（二）多元化教育平台

全媒体全面融合先进的信息技术、科技手段，运用各类新型的网络平台，全面推进学生思想政治工作的开展。在全媒体时代，单向沟通的格局已经被打破，呈现出双向、多元的互动，而学生也变得更有主动性。在课余的空闲时间里，老师可以随时与同学们进行学术探讨和意见交换，以更好地理解每个学生的个性和特长，以达到因材施教的目的。教师也可以使用各种媒体技术，例如微信、微博、贴吧、论坛、慕课、云课堂，远程授课等新的网络平台为老师提供了更多的便利，老师可以在网上直接与学生进行交流，老师可以在线上为学生解惑，能够加强学生思想政治工作的针对性、实效性。同时，教师也可以根据学生的实际情况，采取相应的教学方法，实现"因材施教"。另外，师生还可以进行交流、分享观点、共享资源。教师与教师也可以相互交流，共同提升自己的专业知识和技术。总之，全媒体技术可以让不同的教师和学生团体进行沟通，从而提高学生的学习效率。

（三）教育主体平等性

今天的社会是一个民主、平等的社会，人人都可以在法律许可的范围内表达自己的意见、吐露自己的心声，他们可以为真善美叫好，也可以向伪恶丑发起战争，他们可以被动地接受导师传授的知识，也可以积极地发表自己的看法。全媒体技术为学生提供了更多的选择空间和途径。学生在课堂上遇到的问题可以及时反馈给老师，老师也会根据反馈来改善教学，让每一个问题都能得到解答。同时，老师也可以在网上录制微课，让学生在网上观看，让每位同学都能得到公平、公正的学习机会。在全媒体时代，教师和学生成了一个个具有主体意识的个体，成为具有自身认知和作用的客体。师生均是主体，是互相理解的对象。因此，学习是一种积极的活动，在充分发挥学生的主体性、自主消化和吸收教师传授的知识的同时，还应注意引导学生主动思考。

二、全媒体时代加强高校思想政治教育的必要性

随着全媒体时代的兴起，其信息多源、资源海量、传播广泛、获取便捷和真假难辨的特性，给高校思想政治教育带来了冲击和挑战。思想政治教育只有主动适应时代要求，把握机遇、迎接挑战，才能保持强大的生命力。

（一）新时代教育强国的要求

教育始终是我们国家的命脉，是我们国家实现复兴的一个重要因素，它与国家的发展、变革、兴盛、衰败交织在一起，也承载着我们无数普通家庭对梦想的向往和期盼。在我国，全媒体时代的现代化教育，让每一张普通而

生动的脸庞都发生了翻天覆地的变化，为中国的繁荣凝聚了强大的动力。在全媒体时代，科技赋能给我们的教育发展带来了巨大的机遇，所以，在全媒体时代，加强学生的思想政治教育，既是顺应时代发展的需要，也是新时代教育强国的需要。要发挥"全媒体"的作用，不断地创新学校学生思想政治工作的方法。与此同时，教育工作者要不断提升自己的媒体素质，与时俱进，不断地充实思想政治教育内容；同时，要积极引导学生在网上增强自我约束能力，树立良好的三观，为建设教育大国作出自己的贡献。

（二）培养高质量人才的现实需求

全媒体时代，强化学生的思想政治教育与提高素质人才之间的关系，反映在全面地融入和引导学生的生活和学习，形成了"融合而不违和、互惠互利"的发展新途径，成为未来学校思想政治教育的主要环境和方式，以及满足可持续发展的迫切期待。全媒体已成为影响学生生命活动的重要内容。全媒体时代，强化思想政治教育与提高素质人才的相互发展需要，必然使两者融为一体，成为学生成才的重要"交通工具"，其新颖、奇妙、丰富多彩、简便快捷的优势，让学生在学习中表现出幸福、和谐的获得感和价值存在感，成为思考衡量学生主观能动性和创造性的主要指标和表达形式。全媒体明显地成为新时期学校思想政治工作的重要场所，同时也为培养高素质的人才提供了多种渠道。全媒体的元素充斥在学生的日常点滴小事中，发挥着用环境来培育人和用方式来塑造人的正面作用。

（三）健全高质量思想政治体系的需要

在新时期，加强学生的思想政治工作，是学校思政工作的主旋律。全媒体与思想政治教育的跨越式融合，已经成为时代发展的必然，具有很强的指导意义和启发性。在"全面融合"的思想政治指导下，学校学生思想政治工作的途径、方法都有了质的飞跃。健全"环境""队伍""体制""内容和方法"是新时期学校思想政治工作的最强声音，是新时期学校思想政治工作的重要精神导向。全面传播和沿袭的教育方法是学校思想政治教育的主要途径。通过全媒体传播，开创了新的教学方式，推动了新的教学方式，使学校思想政治教育的质量得到提高。

三、用新媒体方式助推新时代高校思想教育工作

虽然当代青年对国家、政策文化具有较大的认同感，且近年来青年依法有序参与政治生活成为常态，但是从技术进步的角度来看，新媒体的出现在一定程度上重塑了社会形态，伴随着互联网和自媒体时代的来临，传统的工作不再能够高效地提高青年的文化自信认同。从大方向来看，新时代理念的文化认同有赖于新时代的方式方法，了解青年思想理念，发掘青年思想问题，回应青年诉求，在提高思想工作吸引力、亲和力和凝聚力上做文章，顺应时代、回归生活、贴近心灵，用新时代青年喜闻乐见的方式，增进文化认同感。

一是媒介创新，提高宣传工作吸引力。利用新媒体途径，将宣传渗透到青年生活的方方面面，让青年可以通过微博、微信公众号和自媒体平台等了解国家历史、文化理论等。这样可以发挥青年热衷新媒介、关注新事物的特点，使新媒体工具成为传播历史文化知识的前沿阵地，成为服务青年、教育青年的有效平台，成为不受时间、空间限制进行相互交流的良好平台。

二是内容创新，提高思想教育工作的亲和力。当代青年对理论文化学习的刻板印象是传统填鸭式的灌输，增进新时代青年对党建的认同，首先就要改变青年的刻板印象。这里可以借鉴"青年大学习"的形式，邀请青年喜爱的正能量人物作为讲评嘉宾，利用"名人效应"提高学堂的收听率。在讲授内容上，可以紧扣理想信念教育、社会主义核心价值观教育和四史教育的热点，对叙事视角进行适当的"加工"，将青年身边的案例、新闻和故事等融入理论政策当中。在授课方式上，要将国家的路线方针政策等宏大的概念辅之以青年容易接受的"网络语""流行语"表达出来，严肃而不失诙谐，从而更容易得到青年们的认可，所传达的理论也更容易受到青年们的认同。

三是手段创新，提高思想教育的互动性。传统的单向灌输式教育容易造成青年对理论的学习就只有靠被动地死记硬背，甚至过耳即忘。新媒体的引

进带来了互动学习的契机，理论的传授不再是单向的，而是双向互动的。在进行理论教育的同时，有关单位还可以搭建评论区和论坛，既可以通过评论、分享和转发等方式提高热度和流量，又可以与青年进行互动交流，青年之间也可以相互学习、相互启发，从而在互动中加深认识，提升青年对理论的参与感和认同感。

第四节　全媒体高校思想政治教育的研究意义

思想政治教育的传统载体，在我国学校思想政治教育的发展过程中，发挥了很大的作用。但是，在全面媒介时代，随着互联网的高度普及，作为一种新型媒介的全媒体，必然要融入思想政治教育的载体之中。这也是学校思想政治教育改革的必然要求。这里所谓的"现代媒介"，主要是指"全媒介"。"高校思想政治教育"是指利用当前具有超高渗透率、覆盖面广泛的新媒体形式，对受教育者进行思想政治教育，与其进行思想政治教育的交流，使其形成符合一定社会要求的思想品德和政治素养。

一、理论意义

全媒体的开放性、虚拟性和超文本性，为学校思想政治教育的研究提供了广阔的空间。学校思想政治工作中的"学科化""科学化"的发展具有重要意义。

第一，全媒体拓展了思想政治教育的研究领域，特别是面向专业的研究者和教育工作者。与传统媒介相比，网络与开放的特点使得信息的获得变得格外容易，信息的覆盖面也更广，研究者与教育工作者可以尽量地搜集与查询。与此同时，研究者通过全媒体，掌握思想政治教育前沿的理论与实践问题，掌握其发展动态，提升自己的专业能力。

同时，借助全媒体平台，尤其是大数据平台，可以对研究对象的思维状态和发展轨迹进行定量化，并根据数据进行分析。这些数据为研究思想政治教育工作提供了科学的参考和基础，从而提高研究的准确性、客观性和长效性。通过庞大的思想政治教育数据库，收集研究人员的数据，通过冗余、过滤、分析，发现被研究人员的思维和行为，从而判断出他们的思维和行为推动学校思想政治工作向"精确科学"迈进。

二、现实意义

"明者因时而变，知者随事而制。"面对互联网这个最大变量，高校思想政治教育工作因时而变、不断创新是必然要求。当前的高校思想教育工作要获得好的社会效果，必须思考两个基本问题：引导什么和怎么引导。与这两个问题密切相关的思考是：全媒体改变了什么，带来了哪些变化——这一思考决定着高校思想政治教育的方向。根据这些改变，学校思政工作要怎么变和怎样创新。

（一）使思想政治教育内容更加丰富

全媒体的出现，丰富了思想政治教育的内容形式，使得传统的信息内容从平面到立体，从静止到动态。传统的思想政治教育内容具有很强的政治性和很强的理论基础，其内容通常是以平面形式呈现。政治、思想、法律等教育的理论内容，以书面形式呈现，使受教育者感到乏味；语言的模糊不清和脱离实际，会极大地影响到受教育者对理论的理解、认同和接受，使之成为一种外在的行为表达和习惯。全媒体将文字、声音、图像、视频等媒体融合在一起，可以使原本有些僵硬的文本"活"过来，让信息的呈现更直观，从而更好地吸引读者。

再次，从思想政治教育的内容来源上看，整个媒介所承载的信息流尤其巨大，它为学生提供了大量的教学材料和教学资源，拓宽了教育者的视野，从多个角度、全方位地向受教育者述说，从而为其辩证。同时，随着全媒体技术的普及，信息的查询越来越方便，从单一的渠道走向多元化，受教育者可以通过自己的方式搜集有关的内容，进而加深对教育者所灌输的理论内容的了解。

最后，从内容的延展上看，在整个传媒时代，教育内容已经有了很大的充实与更新。当前，在新闻传播领域，存在着价值观模糊、理想信念动摇、爱国主义意识淡薄等问题。当前，我国网络道德观念薄弱，媒体文化素质教育薄弱，需要把重点放在习近平新时代中国特色社会主义思想教育、全媒体时代价值观教育、中国梦教育等方面。在全媒体时代，爱国主义教育是一种全新的教育方式。同时，要把网络道德规范、网络责任、传媒素质教育纳入新时期思想政治教育，规范全媒体用户的网络行为，营造良好的舆论生态环境，构建清朗的网络空间。

（二）使思想政治教育的载体更加丰富

"思想政治教育载体"可以承载和传播思想政治教育的内容和信息，它可以被思想政治教育的主体所利用，从而促进其与客体的互动。与教育内容类似，载体属于主体范畴，是思想政治教育活动的主体和客体之间的中介。根据载体的发展历程，可以将其划分为传统载体与当代载体。

传统的媒介通常是指以教育为载体的思想政治理论的教育载体。主要是以教育理论课程、讲座、会议、报刊等形式进行；以杂志、电视等传统媒体为载体，对党和国家重大政治思想理论、政策方针政策进行宣传；通过座谈会、座谈会、个人谈话等较为零散的方式，来解决某些或某些类型的思维问题或认知问题；通过精神文化活动、社会公益服务等方式，把思想政治教育的内涵结合起来，实现教育和自我教育的有机结合，把思想政治教育的对象变成了教育的主体。

全媒体是学校思想政治工作的重要工具。把全媒体作为一种全新的思想政治教育载体，可以使其"随时在线"，尤其是在任何时间、空间上都可以对受教育者进行思想上的引导和解惑。全媒体既是对学生进行思想政治教育的外在形式的补充，也是对其进行隐性教育的载体的补充。隐性教育是一种新型的教育形式，它是一种直接、公开、明确地表达教育目标、实现教育效果的传播途径，如"红色网站"、共产党员手机报、思想政治教育电视公开课等。隐性教育的媒体形式是把教育要素间接地、内隐地、无意识地与教育者和受教育者进行互动；通过网络活动、思想解惑等方式来提升思想政治素质，例如：使用QQ、微信、ICQ\MSN等即时消息工具，网络BBS、论坛、贴吧；社区等在线交流场所，如人人网、朋友网、豆瓣等，以及微博、博客等社会媒体，手机短信等通信工具，为教育主体搭建了一个情感、信息交流的平台，使教育者在不知不觉中做好了思想政治教育工作。

传统的思想政治教育主要依赖于课堂教学、教科书和纸质媒体，而全媒体则通过多种形式和渠道拓展了思想政治教育的载体，为学习者提供了更加多样化和丰富的学习体验。全媒体结合了文字、图像、音频和视频等多种媒体形式，以丰富多样的方式呈现思想政治教育内容。学习者可以通过观看视频、听取音频、阅读图文并茂的文章等，更直观地理解和学习相关概念和知识。全媒体通过多媒体形式、互动性、跨时空传播和个性化学习体验等方面的优势，为学习者提供了更加多样化、灵活性和丰富性的学习方式和内容。

（三）拓展了思想政治教育的平台

学校思想政治教育平台是指在学校开展学校思想政治工作的基础上，有计划、有目的、有意识地根据其目的和内容，遵循其规律，对其进行科学、合理地分类、整理，从而形成一套完整的知识服务系统。平台建设的最大优点在于，它可以凝聚社会各界的智力，确保思想政治教育的信息资源与内容提供多样化、丰富化，实现资源的有效积累，实现知识、数据、研究成果和方法的共享，使教育资源充分地惠及广大教育工作者和受教育者，实现资源合理分配。

第二章 全媒体时代高校思想政治教育
存在的问题及成因

思想政治教育工作关乎国家意识形态领域的安全，为社会主义现代化建设提供必要的保障。尤其是高校思想政治教育，主要面对的是在校大学生，大学生作为未来社会发展的后备军，他们更需要接受完备的思想政治教育。完善的思想政治教育工作可以帮助学生树立坚定的社会主义核心价值观，抵御不良风气的侵蚀，运用自己所学的知识，成为真正的社会主义事业的建设者和接班人。

第一节 全媒体时代高校思想政治教育存在的主要问题

思政教育是高校教育体系的重要组成部分，能够提高学生的思想政治素养和觉悟，也是培养社会主义现代化人才的重要途径。思政教育是高校教育不可分割的部分，目前主要通过两种方式进行开展，一方面是将思政教育作为独立的课程，由思政教师进行讲解和传授；另一方面推行思政教育融入专业课程，包括专业实习以及专业理论课等，能够进一步提升学生的专业道德素养。但是，随着市场经济的发展以及社会环境的变化，高校的思想政治教师和学生难免受到这些变化的影响，从而做出不利于高校思想政治教育活动进行的举动，进而给高校思想政治教育工作带来各种各样的问题。

一、教师队伍水平参差不齐

高校思政教师本身思想境界参差不齐。有的自觉性不强，缺乏学科研究钻劲，在教学工作中墨守成规，拘泥于传统思维；也有些教师责任意识不强，大局意识不够，认为思政教育课程不是专业核心课程，忽略了它对大学生成长的不可或缺性和基础性；还有些教师工作热情不足，教学工作是一项单调又枯燥的重复性活动，日复一日地重复，极大降低了教学热情，滋生了不求有功、但求无过的工作态度。

另外，一些具有思想政治教育学科背景的教师又习惯于坚守固有的教学模式，未能及时地更新教学课件，他们所用的课件往往注重陈旧的形式，充满了空洞的"政治色彩"，教学内容缺乏新颖性，与现实的社会发展脱节。在课堂教学中，师生之间又缺乏必要的互动，教师只是照本宣科，学生只是被动地接受，这种填鸭式的教学方法很难给学生讲清楚思想政治教育的内容。一些高校学生对高校思想政治教育活动是存在排斥心理的，他们对思想政治教育不感兴趣。教师教学不用心，学生学习就更不会走心。

高校思想政治工作是由各种元素和子系统组成的整体，是一个综合性的系统工程，高校思政教育工作队伍自身的专业素养和能力是促进工作开展的关键因素。当前，高校思想政治工作队伍的专业能力和素养不强，一些教职工对中央精神的消化、转化能力差，不能深刻理解政策文件的含义，缺乏与实际工作相结合的深入阐述和工作举措。

高校思想政治教育队伍中存在教师教学水平参差不齐的问题。一是教育背景和专业素养差异。大部分教师具有相关专业背景和深厚的学科知识，能够更好地教授和引导思想政治教育。然而，有些教师可能缺乏相关专业知识和培训，导致教学水平相对比较查。二是教学经验和方法的不同。一些经验丰富的教师拥有更好的教学技巧和方法，能够激发学生的学习兴趣和参与度。然而，对于一些缺乏教学经验的教师来说，在提升学习效果上还存在差距。三是关注程度和投入度的差异。思想政治教育在高校中常常被视为一项重要任务，但教师对此的关注程度和投入度可能存在差异。有些教师可能对思想政治教育抱有高度的责任感和热情，并持续关注教学实践的效果。然而，有些教师可能将更多的精力放在学术研究和职称评审上，对提升教学水平存在敷衍现象。四是教学评估和反馈机制的差异。高校思想政治教育中如果缺乏明确的评估标准和及时的反馈机制，教师就难以了解自身的教学优势和不足，无法进行相应的改进和提升。

除此之外，高校思政工作的推进方式也需要改进。目前以防范化解为主，被动应对多，主动出击少，对主流思想、价值引领尤其欠缺，不能防患于未然。另外，尽管思政课的老师人数有了一定的增长，但是真正能够把这门课讲好和讲活的老师却很少，思政教师在工作中没有得到充分的自我提升和发展。具体来说，一方面，目前的课程思政尚未建立起一套完整的、为其他学科所认可的理论和语言，常常是对其他学科已有的术语、概念和原理的简单套用；同时，也存在着一些思政课的内容，缺乏与学生专业背景、专业实践深度等因素的有效结合，导致学生在实际工作中难以对其进行认知和应用，这就导致了思政课的教学变成了无源之水、无本之木。还有一些专业课程被强制融入了思政的内容，这就造成课堂上"牵强附会"的尴尬局面，同时也缺乏说服力。

"古之学者必有师。师者，所以传道授业解惑也。"这是说古时的师者，他们教给学生的不单单是固定的知识，而重于启发学生思考，引导他们对自己的困惑豁然开朗。"彼童子之师，授之书而习其句读者，非吾所谓传其道解其惑者也。"现在的教师普遍以固定的模式以灌输式的方法把书本上的知识教给学生，很少做到"授业解惑"，也就是说，现今的老师更注重的是授业，而不是解惑。当然这不是教师这一职业的问题，而是社会的发展变化所引发的，现在的家长、学生比较重视考试成绩，一切朝分数、高考看齐等，使知识变成一种工具。

大学教师面对祖国的未来，身上肩负着重大的责任，不仅要传授给学生知识，更要在教学当中教学生如何做人，帮助学生形成正确的世界观、人生观、价值观。虽然教师这一角色发生了很大变化，但不可否认的是，在影响学生的思想道德素质等方面，始终发挥着重要作用。由此作用出发，我们可以知道教师应具有高尚的品格、专业的知识两个基本素质。光有素质是不行的，还需要通过语言、行为等中介把它们展现出来。联系现实中思政教师的教学生活，我们能发现，尽管有些教师的专业素质很强，也具有高尚的品格，但是却没能在教学中向学生展现出来，通过平淡无奇的语言的表达，学生对于老师所教的内容缺乏兴趣，也理解不了老师所讲的内容。还有一种情况是，学生觉得老师上课与没上课一样，不听老师的课，他们也能通过自学而获得知识，这从侧面说明了有些老师是照着书本内容复制式地讲解内容，缺乏生动深刻性。而有一些老师，却不仅使学生喜欢上他的课，更喜欢他这个人，这种老师通常具有广博的知识和过强的专业素质，更有良好的语言表达能力以及幽默风趣的灵魂。

高校思想政治教育课程是一门具有强烈意识形态的课程，作为思政教师，除去过硬的专业知识，还要有正确的政治立场以及人格魅力。意识形态，属于哲学范畴，是一种对事物的感观思想，是与一定的社会的经济和政治直接相联系的观念、观点、概念、思想、价值观等要素的总和。我国的高校思想政治教育课程的目标本来就是为了培养学生形成正确的世界观、人生观、价值观，如果一个高校思政教师不信仰马克思主义，不坚持我国的人民民主地位，而是信奉西方的一套观念，这对于大学生的培养、对于我国的发展是有害的。从心理学的角度来讲，人格主要是指人所具有的与他人相区别而稳定的思维方式、情感特点和行为风格。高校思政教师的思维方式体现在他的教学过程中，不同的老师所授课的方式及其特点是不同的，因为每一个人都有自己独特的思维方式。我们的经验告诉我们，大学思政教师的授课内容不仅仅是书本上，思政教师会在讲课过程中穿插一些与本课内容有关的课外之话，选取一些例子或是为了帮助学生们更好地理解知识点，或是为了缓解一些紧张的学习氛围，活跃学生的思维，在这个过程当中，思政教师会带有强烈的情感特点，毕竟，同一个事例，每个人看待问题的角度不同，出发点不同。

之所以应重视教师的人格发展，是因为教育的终极目标是帮助学生成人。我们与低等动物不同，因为我们能接受知识，有情感；我们与机器人不同，不仅仅是存储知识，我们在学习知识的过程当中还有情感的流淌。一个具有人格魅力的老师，不仅会为他的教学工作添砖加瓦，还会备受学生的喜爱，成为学生模仿的对象。

二、教育内容和形式老套

教学模式的好坏关系着思想政治教学效果的高效与否，当下高校的思想政治教育模式过于陈旧，一些高校教师依赖于以往的教学设计成果，给学生讲授"旧知识"，并且用陈旧的思维来给学生分析当下的社会发展，这种教育方式是不可取的。这种过于陈旧的教学模式在一定程度上引发了思想政治课程教育的落后化。

目前很多高校的思政教育内容仅限于书本理论，形式仍然是课堂灌输，并没有充分利用"互联网＋"的优势，线上线下教育脱节现象比较严重。全媒体时代，大学生已成为网民与低头族的主力军，是使用微博、微信、QQ等全媒体的主流群体，其生活状态、思维方式、价值取向等方面无不受其影响。在现实的教学过程中，没有真正发挥网络教育的作用，教育者也就无法真正做到与学生群体的平等式对话，学生只能被动地接受陈旧的教育内容和枯燥的理论。

另外，思想政治理论课在内容方面过于陈旧，理论也相对晦涩抽象，这些都是高度概括的概念，不是大学生身边的事物，对于大学生而言，有种遥远的距离感、年代感，不是身边能看得见摸得着的东西，在学习过程中难免会出现诸如很难理解、不易接受等现象。学生在上思想政治教育课程时，往往浏览不相关的内容，对高校教师讲授的内容也是一知半解，从而影响思想政治教育的效果。

高校思想政治理论课以课堂教学为主要渠道，很难将每门课程之间的思政元素充分挖掘，实现各种教材之间的"联系"；在实践教学形式上，虽有所拓宽，但形式化较严重；使用互联网技术支持思想政治教育的形式虽有变化，但支持程度还有待进一步提高。高校思想政治教师在给学生讲授思想政治课程时需要做到理论联系实际，那些空洞的说教是不会让学生们产生兴趣的。

三、教育课程体系不完善

我国的很多社会科学理论是由西方传播而来的，这些西方的课程理论蕴含着外来的文化元素，如果只是照搬照用，难免会出现"水土不服"的情况，所以需要秉持"拿来主义"的态度，做好西方课程理论的本土化。但是本土化改革的过程不是一蹴而就的，而是需要不断的探索，但是在探索的过程中也会出现一些问题。

大学教育普遍存在着严进宽出的现象。中学教育及高考普遍压力大，即使是扩大招生，但要考上好的大学也需要花费很多精力，而考上大学后压力一下就放松下来，除了一些很好的大学，大部分学校尤其是非理工科专业基本上都是混日子，学不到什么东西。如何让学生紧张起来，把精力投入学业中，从而提高学生的专业能力和水平就显得十分重要。因此，建议只要是专业课，每门学科一开学就由老师布置本学科的论文题目及推荐相应的参考书目，这样逼着学生一开学就走进图书馆，阅读相关的专业书籍，同时，结合老师的讲课提高对该门专业的认知水平，这样一方面大幅度提高了学生的知识面；另一方面倒逼学生提高独立思考、系统思维的能力。这样可以从根本上改变现在平时逃课混日子，考试临时抱佛脚抄抄同学的笔记背一背也能混个及格的现象。

由于大学过于宽松的环境及如前所述的原因，造成很多学生没有目标，读大学等于在混日子、上课打瞌睡、旷课、学习风气很差，男生痴迷于打游戏，女生则忙着追剧，很多学生痴迷于谈恋爱和参加各种社团等问题。因此，大学必须要重视改善学校的学习风气，一方面要如前所述加大学生的学习压力，逼着学生把更多的时间和精力投入学习中去；另一方面要加强班主任建设，让一些优秀又相对年轻、有责任心的老师担任班主任（容易和学生拉近距离，更了解学生），加强对学生的思想教育和日常生活指导，有利于帮助年轻学子尽早树立正确的人生观和世界观。

近几年来，部分地区和大学在思政课教学协作机制上做了一定的探索，例如，建立了一批国家级和省级的大学思政课骨干教师的社会实践学习基地，这些都极大地促进了大学思政工作的发展。但是，它对大学生思想政治教育的支持作用并没有得到充分发挥。第一，在内部协同方面，大学虽然成立了思想政治工作领导小组，但是思想政治工作是由多个部门共同负责，各个部门对思想政治工作的重视程度参差不齐，没有统一协调，工作机制没有得到很好的运行；第二，在外部协作方面，大学和政府部门之间缺乏有效的联系，缺乏有效的思想政治教育。高校思想政治教育课程体系的完善是一个持续不断的过程，因为社会和教育环境都在不断变化。思想政治教育应该包括广泛的主题，如政治制度、法治、宪法和公民权利等。同时，还应该涵盖一些现实问题，如社会公平、环境保护和国际关系等。这样可以帮助学生全面了解和思考不同领域的问题。

四、忽略开放性平台建设

当前很多高校的思想政治教育工作缺乏畅通的、开放的互联网平台，但是建立开放的互联网平台对一些高校来说并不是一件容易的事情，有些高校甚至没有自己的网站，或者虽然建立了官方网站和平台，但不及时更新，不能成为学生了解时政和官方信息的窗口和平台，没有充分发挥网络公共平台的思想教育功能。

首先，由于学校官网网络平台建设得不成熟、不完善，网络平台缺少心理咨询交流、大学生涯规划、就业指导等网页，忽视了大学生自我教育的及时性、可能性和重要性。全媒体时代的大学生善于沟通、渴望交流、喜欢探索，并乐于表达自己的观点，内心排斥被强制灌输，学校没有充分认识到大学生的特点，并搭建大学生交流的平台。

其次，高校的思想政治教育仍然通过传统的自上而下的课堂教学来进行，师生之间缺少信息的及时沟通，严重阻碍了师生之间信息的交流及各方诉求的反馈，致使学生的困惑不能通过在线沟通和互动处理，无益于学生的健康发展和高校思想政治教育效果的落实，无法做到思想政治教育的春风化雨、润物无声。不难发现，在高校的思想政治工作中网络平台发挥的作用并不是特别显著。

最后，学校没有充分利用各种媒体的优越性，缺乏全方位的思政教育体系，比如没及时在抖音等社交媒体建立学校窗口，不及时更新具有教育意义的视频和公开课，微信没有注册学校公众号，并及时推送正能量的新闻和身边事，总觉得思政教育只在课堂。即使这种开放性平台建设完成，应用率也很低下，严重影响平台公共效用的发挥，这就需要学校通过连接各种应用，引入学生流，让学生进入平台的同时，就关注了平台的最新动态，在无形之中，即对大学生形成了教育，降低了教育成本，提高了教育效果。

五、考核及评价体系不完善

教育活动考核非常重要，可以反映出教师的教学方法是否有效。当今高校思想政治教育的考核评价方式仍然比较传统滞后，还没有建立起成熟的互联网大数据分析系统，无法做到评价的公开透明和反馈系统的真正精简和有效。由于高校缺乏网络数据不断优化和系统考核评估工作程序的更新，目前很多高校的思想政治教育考核评估系统程序仍然不健全，在结果反馈的及时性方面，现有管理机制的评估也存在结构体系与评价指标不统一，导致思想政治教育考核评价的结果和相关信息不能及时上传，无法实现真正评估的目标。

考核对象偏向于学生，往往忽略了对教师的考核。传统的教学，偏向于对学生学习结果的考察，而没有对教师教学的有效性进行评估考察，从而导致有些教师不重视教学思想政治教育课程，内心产生懒惰情绪，教学内容和方法不及时更新，甚至与时代脱轨，势必造成学生积极性的降低，教学成果必然也差强人意，达不到设置思想政治课程的教育意义。

学生和教师之间缺乏双向考核机制。"师者，传道授业解惑也"。一名合格的老师必须根据不同学生的特点，或本年级、本专业、本院系学生的特点，制定相应的教学策略，让学生更容易接受思想政治教育的知识和精髓，教师有这种义务和责任。很多学生原本是有积极性的，但老师只会照本宣科，无疑是对他们的一种打击，而学校缺乏这种学生对教师评价的机制，无法倒逼老师实现教学的改进。

目前，在我国高校中已经逐步构建起了较为完整的思政工作考核评价机制。但是，在定期进行考核评价，从而提高思政工作队伍的专业能力、指导思政工作等方面的效果，还需要进一步提高。第一，评价标准不明确，指标虚化，结果简单一致，评价机制没有起到应有的作用。就拿思政工作中的重要组成部分——思政课程作为例子，思政课与高校中其他课程的教学效果体现方式有很大差异，如果用笼统的指标来对课程效果进行考核，显然会缺失科学性和公平性。第二，评估主要是以上级领导为主，而教师和学生作为工作的客体，缺乏对思想政治工作效果的评估。这在某种程度上造成了高校思政工作团队不能得到真正、客观的工作反馈，也就不能进行深入的自我反省和自我革新，从而影响了他们的专业能力的提高。

当前高校进行学生管理主要是服从行政管理部门的命令，同时是出于规范的需求，而对于学生的主体地位有所忽视，学生管理强调的是命令或指令，这导致大学生容易产生逆反心理，增加了学生管理的难度。大学生具备一定的自由意志和自我意识，如果学生管理制度不够人性化或者过于强势，就会导致学生滋生出反抗意识，挫伤自我发展的积极性，导致学生管理工作难以落地。课堂思政教育一定要和实践活动紧密结合，按照学生的实际情况和个体差异化灵活开展思政教育，但是当前的高校思政教育注重讲授理论知识，缺乏实践性和创新性，另外在思政教育的讲解方面，教师的方法较为单一，更多是照本宣科，难以引起学生的学习兴趣，学习氛围较差，与学生的实际需求差距较大，与学生管理工作结合明显不足。

第二节　全媒体时代高校思想政治教育存在问题的成因探析

高校思想政治教育可以塑造在校大学生正确的世界观、人生观和价值观，可以加强他们对社会主义核心价值观的认同，做合格的社会主义事业建设者。但是当下的高校思想政治教育还存在着一些问题，弄清楚这些问题的成因具有现实意义。

一、信息传播环境的变化

随着新媒体网络技术的迅猛发展，大学生已成为网民与低头族的主力军，其价值取向、生活状态、思维方式等方面都受到新媒体潜移默化的影响。由于媒体技术突飞猛进地发展，新媒体即时性、多样性、互动性优势大大拓宽了大学生了解信息的渠道，打破了传统信息接收渠道的束缚。

在传统媒体环境下，学生们获取信息的渠道少，老师们是学生获取知识、形成自己观点的主要传播者。但是在全媒体环境下，学生们可以通过多种渠道来获取知识，对于老师们讲述的知识，学生们可能会通过网络媒介来搜索相关的案例，用以证实或者证伪老师们的观点，传统的以老师为中心的知识获取模式遭到了颠覆，在这一变化面前，部分思政教师尚未做好准备。

在全媒体时代背景下，全球信息传播流畅，在校大学生可以借助网络媒介便捷地浏览相关的资讯，实现了任何人、任何时间、任何地点从任何终端获取任何想要的信息。信息受众不再是传统意义的信息接受者，而是更好地按照自己的意愿对信息凭借自己意愿进行选择，打破了原有的信息传播壁垒，以更快的速度传播。也包括在课堂上，学生们只要愿意，随时可以比对、评判教师的传授信息，通过已有的价值取向进行筛选、获取、接受。这给传统的教学带来了巨大的冲击，对思政老师提出了更高的要求，要及时应用思政理论，解释即时发生的各种社会现象。

在全媒体时代新旧媒体激增，信息数量爆发，学生对于很多信息已经产生了麻痹心理，这对高校的思政教育带来了极大的不利。经由网络媒介传播的资讯并不都是真实的，有的资讯是网友杜撰的。在校大学生缺乏必要的社会经验，对事物的判能力也存在薄弱之处，他们在网络媒介上浏览相关信息时很容易被虚假信息所迷惑，从而做出错误的判断，进而对事物形成错误的认知，对正确思想导向失去了敏感性，高校的思政教育变成了事后纠偏措施，效果往往甚微。如想在全媒体时代，高校思政教育占据主动权，必须在事前和事中下功夫，成为引导潮流的弄潮儿，实现事半功倍的效应。

二、思政教育工作队伍建设不足

第一，高校思想政治教育教师数量严重不足，"师生比"过低。根据《普通高等学校辅导员队伍建设规定》，目前高校思想政治教育的主体力量主要由学校党政干部和共青团干部、思想政治理论课和哲学社会科学课的教师、辅导员以及班主任组成。其中，辅导员和班主任是高校思想政治教育的核心力量。根据实际工作需要，各个高校按照总体上师生比不低于1：200的比例，科学合理地设置了本科生和专科生一线专职辅导员的职位。辅导员的配备应以专职为主，兼职为辅。每个院（系）的每个年级都设有专职辅导员，每个班级也配备一名兼职班主任。一些学校根据实际情况还按一定比例配备了研究生辅导员，负责研究生思想政治教育工作。

第二，高校思想政治教育队伍中心理咨询人员数量严重不足。随着社会发展和教育压力的增大，学生对心理咨询的需求也日益增长。然而，心理咨询人员数量的不足导致学生人数与可提供服务的人员比例失衡，无法满足不断增长的需求。由于心理咨询人员数量不足，他们无法为所有需要帮助的学生提供及时的咨询服务。大量的学生可能无法获得个别咨询和辅导，尤其是在面临严重的心理困扰或紧急情况时。

第三，高校思想政治教育工作者业务素质不高。虽然《普通高等学校辅导员队伍建设规定》对辅导员的选聘标准作出了明确规定，但实际工作中仍然存在一些问题。首先，高校往往存在刚毕业后直接留校的人员，他们的专业背景并非思想政治教育，缺乏系统的思想政治理论知识，并且缺乏教育学和心理学方面的系统培训，也没有实际上岗的实践经验。入职后，他们的专业知识培训往往跟不上需求。其次，在晋升职务、评定职称和工资待遇等方面缺乏或未能落实相应政策，导致高校思想政治工作队伍的不稳定。由于职业前景规划不明确，许多工作者无法专注于思想政治教育事业。

在高校中，思政工作包括两个部分，一个是教学工作，另一个是学生管理工作。如果没有好的管理和服务，那么在这片土地上成长的思政工作就会丧失生命力和创造力。在学校的实际办学中，我们更加重视对思政工作的教育和教学的评估，例如，构建多层次和复合型的评估指标体系，并对其进行量化的评估。其实，大学思政课的一切教育与教学活动，都离不开稳固的学生管理工作作为支持，否则大学思政课的执行效果就难以取得突破性进展。大学思政教育必须扎根于大学文化、政策、规划和组织的各环节，并根据不同的规律加以运用，让大学思政的教学和学生管理两条主线并行，均衡发展。

三、网络信息繁杂，有效信息被埋没

全媒体是信息的载体和信息互动交流平台，作为大学生接受知识的新媒介、新载体越来越多。"在互联网＋"的模式下，大量的纷繁复杂的信息让人眼花缭乱。为了迎合大众和满足受众的猎奇心理，网络媒体信息良莠不齐、泛滥成灾，文化品位低劣、趣味低级的现象层出不穷，对青年学生价值观的培育践行造成严重误导和影响，使其失去正确的价值研判。

全媒体时代，短视频的兴起似乎一下子让人们找到了消磨时间的方法和理由，刷短视频是除学习工作之外打发时间的一个主要消遣方式，无处不在，无时不在；看手机刷视频低头族众生相让人见怪不怪。甚至躺在床上刷抖音成了睡前必备的事情，越刷越兴奋，越兴奋越难入睡，一直刷到半夜两眼疲劳为止。从抖音最近公布的数据来看，抖音的总用户数量已超过8亿，人均单日使用时长超过2小时，这只是平均数据，其实大部分人刷抖音时间会超过3个小时。刷短视频成了填充大学生零碎时间一个重要的方法，他们没有时间再交流和倾诉，也没有时间去发呆和思考，甚至没有时间去倾力完整地做好一件事情。

这种"网络成瘾算法"就是利用人们人性的弱点，刺激脑细胞并使之形成依赖，近似于毒品的作用。对于成瘾的事情比如香烟、酒精成人尚且不能自拔，何况是处于探索期的大学生。如果你喜欢看低俗不良视频，平台根据你的偏好大量推送此类视频给你，所以你经常看到的就多是猥琐、低俗的视频。如果你喜欢看游戏类视频，那平台也会根据观看偏好推送大量游戏类视频给你，让你喜欢成瘾。这种大致15秒的视频使人产生蔡格尼克记忆效应，对"未知内容"保持持续好奇状态，短视频后台会收集观看数据，对观看偏好进行数据匹配，使之对短视频"保持黏性"。这种"算法推荐""偏好匹配""粘合用户"是不断反复加强的，从而导致有教育意义的信息在其中埋没。

当前高校的思想政治教育工作就是要让思政教育的内容在众多的网络信息中成为主流信息，让其成为大学生必读、可读和爱读的信息内容，这就需要丰富教育信息，改变传播形式，拉近与大学生的距离，以一种喜闻乐见的形式出现在学生的视野中，走进他们的生活。

四、协同育人的合力尚未形成

全媒体时代，仅仅依靠少量的网络思政教育公开课是完全不够的。要达到良好效果，就要不断占领网络思政教育的高地。既需要思政教师制作并发布精彩的精品思政课程，也需要网络系统的支持；既需要思政教师、辅导员等开设有关思政类的微信群、QQ 群及微信公众号引领主流舆论，也需要推送精彩的内容吸引学生关注、转发和传播；既需要学生具备判断辨别能力，也需要其自觉抵制不良思想的侵蚀。要想达到良好的育人效果，就应该是学校、教师、家庭、社会多方协调促进，同向而行，合力育人。

思政教育往往忽略了辅导员的作用。作为大学生入学后的第一位老师，那就是辅导员。辅导员往往是以一种知心大哥、知心大姐的形象出现，学生们来自五湖四海，远离家乡，最容易在辅导员那里得到心灵安慰，也最容易把辅导员作为心目中值得信赖的人。辅导员与大学生之间的这层关系，往往没有被思想政治教育发掘。思政教育不仅限于课堂上，更应该注重教育的即时性。大学生思想的转变有时就在一瞬间，在最需要指导的时候，辅导员能及时出现，给予正确的引导，将极大有利于大学生走上正确的道路。

思政教育往往忽略了家庭教育的作用。父母是孩子的第一任老师，大学生虽然离家学习，但在他们的心里，家庭和父母永远在最近的地方。父母不能认为孩子考上大学，就不需要再尽教育的义务，恰恰此时，孩子不在身边，最需要父母的关怀，父母应该及时了解大学生的心理变化和诉求，及时给予正确的建议，引导其走上正确的道路，父母的作用是事半功倍的，在大学生的思政教育中，是不容忽视的重要力量。

思政教育往往忽略了大学生自我教育的作用。大学生处于思想的成熟期，他们对是非对错有初步的认识，并且有较强的认知、接受和修复能力，有着强烈的好奇心和求知欲，对专业学科和社会学校都在摸索探索中，此时，学校应该营造积极的学习氛围，引导学生自主学习、主动认知，充分利用大学生的自我教育能力，变学校被动教育为学生主动学习，这对形成协同育人局面具有重大意义。

在大学思政工作的实施中，也存在着一些问题，如协同效能较弱、教材建设不足、斗争精神薄弱等，这些问题都源于思政工作支撑体系的不完善。一方面，大学思政工作具有高度的敏感性和复杂性，一些学术探讨和善意的批评很容易被"上纲上线"成政治性的问题，一些人心存疑虑，把走过场当成一种保护性的方式，造成了思政工作和专业工作"两张皮"，思政工作在实践中难以落实，缺乏斗争精神；另一方面，在宣传工作中不敢"亮剑"，没有足够的能力和胆量去表达自己的想法，思政工作就止步不前。全员参与机制未建立，协同育人合力尚未形成。学生、学校、专职教师、辅导员、父母和社会各界须全员参与，齐抓共管，推进思政教育与媒体深度融合，才能拓宽高校思想政治教育渠道。

第三节　全媒体时代思想政治教育创新必须走创新之路

一、全媒体赋予思想政治教育创新的优势

及时更新与适应性：新媒体具有快速传播和即时更新的特点，可以及时反映社会、政治等领域的最新动态和变化。大学生作为年青一代，需要了解和关注时事和社会发展，通过新媒体进行思想政治教育可以保持内容的新鲜性和及时性，使学生对时事问题有更深入的了解和思考。

强化互动与参与：新媒体提供了丰富的互动和参与机制，可以激发大学生的学习兴趣和积极性。通过在线讨论、问答互动等方式，学生可以参与到思想政治教育的过程中，积极思考、交流和分享意见，这种互动性有助于促进学生的思辨能力、合作精神和民主意识的培养。

符合当代大学生的学习习惯：当代大学生已经形成了使用互联网和新媒体的习惯，他们习惯于通过在线平台获取信息、进行社交和学习。因此，将思想政治教育与新媒体相结合，能够与大学生的学习习惯保持一致，提高学习的效果和效率。

适应思想政治教育的创新发展：新媒体可以通过图像、音频、视频等多媒体手段，丰富思想政治教育的教学内容。例如，教师可以利用图片、漫画、动画等形式来解释抽象的政治概念，使学生更加直观地理解和记忆，同时，通过音频和视频资料，可以让学生听到真实的演讲和讨论，增加教学的亲身感受和参与度。另外，新媒体为思想政治教育提供了个性化学习和评估的可能，通过智能化的学习系统和个性化的学习路径，学生可以根据自己的需求和兴趣进行学习。

二、全媒体赋予思想政治教育创新的劣势

信息过载和碎片化：新媒体时代信息爆炸，学生容易受到大量碎片化信息的干扰，难以深入思考和理解思政教育的核心内容，学生可能更容易沉迷于娱乐和消遣性的内容，而忽视了对思政教育的关注和参与。

学生参与度不高：尽管新媒体提供了更多元化的参与方式，但学生的参与度并不是很高。由于新媒体平台上的信息呈现方式快速而碎片化，学生可能对思政教育内容的深入探讨和思考缺乏耐心，导致参与度不高。

质量和真实性的问题：新媒体充斥着各种信息和观点，其中存在着虚假信息、低质量内容和误导性观点。学生可能难以区分真假信息，容易受到错误的引导和影响，这对于思政教育的目标和质量提出了挑战，需要高校思政教育在新媒体背景下更加注重教学内容的准确性和可靠性。

缺乏互动和深度思考：虽然新媒体提供了互动性强的特点，但由于信息呈现方式的快速性和碎片化，学生可能更倾向于快速浏览和点赞评论，而较少进行深入思考和互动讨论，这可能影响到思政教育内容的深度传达和学生思辨能力的培养。

教师专业发展需求：新媒体技术的快速发展需要教师具备相应的技术和教学能力。然而，一些教师可能缺乏对新媒体的了解和运用，需要进行专业发展和培训，以适应新媒体背景下思政教学的需求。

三、全媒体时代思想政治教育创新必须走创新之路

创新宣传模式，提升社会主义核心价值观网络传播力度。形式是内容的载体，社会主义核心价值观能否更好地融入网络文化建设，并发挥积极引领作用，宣传形式非常关键。具体实践中，应更好适应时代发展和目标群体需求，创新宣传模式、方法，将社会主义核心价值观更好地"植入"网络文化中。随着网络信息技术和移动设备的快速迭代发展，传播渠道与传播主体呈现多元发展趋势，"人人都有麦克风"的新型传播格局悄然形成，受众所扮演的角色不再只是信息接收者，还是信息的评论者和生产者。为此，传播方式也应随之改变，各类媒体，尤其是主流媒体应充分利用好网络宣传阵地，用"交互沟通的方式"助力培育体现社会主义核心价值观的网络文化，更好地凝聚共识，继而实现社会主义核心价值观的正向植入和积极引领，为社会稳定提供有力保障。

加强内容建设，营造广泛认同社会主义核心价值观的良好网络生态。网络信息井喷式的供给，带来网络文化繁荣的同时，也一定程度上存在供给内容良莠不齐现象。应充分发挥社会主义核心价值观的引领作用，做好信息筛选和产品创作把关等工作，不断提高内容生产质量。进一步提升网络技术对信息筛选的"贡献度"，强化科学监督与管理，将有悖于意识形态安全的信息及时有效进行屏蔽和处理，用社会主义核心价值观筑牢网络防线。积极引导网络文化内容生产者立足我国社会主义事业发展的现实需求与网络文化发展实际，大力传承、弘扬中华优秀传统文化，从国家治理、社会发展高度，创作生动有趣、弘扬主旋律的文化产品，讲好中国故事，以优秀作品激发更多人热爱民族文化，增强文化自信。针对网民结构新变化，创作适合不同身份、不同年龄受众人群需要的优秀网络文化作品，让社会主义核心价值观润物无声地发挥引领作用，释放强大精神力量。

推进协同共治，建立健全网络文化治理体系。2018 年 4 月 20 日至 21 日，全国网络安全和信息化工作会议在北京召开。中共中央总书记、国家主席、

中央军委主席、中央网络安全和信息化委员会主任习近平出席会议并发表重要讲话。[①] 习近平指出，要提高网络综合治理能力，形成党委领导、政府管理、企业履责、社会监督、网民自律等多主体参与，经济、法律、技术等多种手段相结合的综合治网格局。

互联网开放、包容的特性决定了网络文化具有多维性特征，所以必须构建网络文化综合治理体系，引导社会各方力量广泛参与，不断完备网络安全法律法规体系；发挥正能量网络名人示范带动作用，生动讲好新时代故事；走好网上群众路线，以建设网民网络素养教育基地等探索，充分惠民生、解民忧，构筑好网上网下同心圆，为推动社会主义核心价值观充分融入网络文化建设、构建清朗网络空间提供强大支撑和保障。

① 习近平．敏锐抓住信息化发展历史机遇　自主创新推进网络强国建设 [N]．人民日报，2018–04–22 (01)．

第三章　全媒体时代高校思想政治教育的
新机遇与新挑战

"师者，所以传道授业解惑也"，自古以来，教书育人，为国家社会发展培育人才，是老师的天职，而如今，许多高校重视文化，却忽视思想政治教育，这样做是偏颇甚至危险的，高校必须对学生思想政治教育予以重视。

第一节　全媒体时代高校思想政治教育的现状分析

在这个全媒体时代，作为高校学生思想政治教育工作者，需要继承并发扬传统的思想政治教育的方式方法的优势，并且充分利用与发挥新媒体在思想政治教育中的优势作用，将面临的困难与挑战转化为个人工作的动力，不断开辟大学生思想政治教育工作的新途径，从而提高大学生思想政治教育工作的实效性。

自从国家扩大大学招生后，现在每年为社会提供七八百万的大学毕业生，为经济快速发展提供了充足的劳动力。但是在提供充足的大学毕业生的同时，也暴露出学生质量参差不齐、大学教育存在着的不少问题，现简要分析如下。

当前，大学生理想信念显现出以下几个问题：一是价值取向扭曲。市场经济背景下，一些大学生开始走向追求物质利益的极端，个别大学生把"金钱至上""当官发财"作为自己人生追求的最大目标，淡化了对远大理想的追求，从而导致了理想信念危机的出现，比如极为猖獗的各类校园贷款反映出的正是大学生拜金主义、享乐主义的迅速滋生。二是社会责任感缺失。个人理想和社会理想是辩证统一的，但相当一部分大学生更加关注个人理想，注重个人专业学习、关注个人健康、幸福、名誉、地位、前途等，而对自己应当承担的社会责任关心不够。三是理想信念模糊。部分大学生在生活理想与道德理想之间更加崇尚知识能力，重视生活理想的确立和追求，而看不到道德修养、道德品质在人生与成才道路上的积极作用，忽视道德修养，社会公德意识比较差，大学生无规矩意识、肆意违约、缺乏诚信等现象正是理想信念模糊的体现。四是政治信仰迷茫。随着对外开放的逐步扩大，美西方国家对我意识形态领域渗透更加猛烈，加之国内社会问题时有发生，如毒奶粉、假疫苗事件，使得部分大学生对马克思主义的世界观和方法论产生了怀疑，对社会主义的发展产生了怀疑，政治信仰开始动摇。

大学生思想政治教育必须摆在极端重要的地位，高校要在加强对学生思想政治教育的实效性上下功夫。一是注重思想政治教育与文化知识教育的结合，从现代科技最新成果中汲取知识和思想营养，跟上时代发展的步伐，提高理想信念教育的实效性。二是引导大学生党员干部要形成示范带动效应。党对人民群众的领导不只在于政治权力，更在于精神上的感召力。特别是共产党人人格的榜样力量，它不仅可以使广大群众接受共产党人的政治信念和政治领导，而且可以使群众更加靠近党，并接受党的世界观。三是要着力解决实际问题。人们的理想信念问题，很大一部分是由于实际生活问题和实际困难而引起的，因此思想政治教育要与重视、关心学生物质利益正确结合起来。

第二节　全媒体时代高校思想政治教育的新机遇

全媒体的广泛应用使其以一种独特的方式影响着人们生活的方方面面，同时也为大学生的思想政治教育工作带来了前所未有的机遇和挑战。

一、学习途径更加多样

在新媒体技术的实际应用中，信息共享也对大学生思想政治教育产生了影响，是提高学生学习效率的重要体现。在教育发展的新阶段，学生在学习和生活中对新媒体的需求也大大增加，新媒体已成为学生学习中必不可少的应用技术，也是学生与外界交流的重要途径，突破了时间和空间的局限。新媒体技术的应用可以充分发挥信息共享的优势，使学生更方便地学习思想政治知识，提高学习的积极性。在新媒体平台中，学生能够及时接收到教师发送的思想政治知识，对拓宽学生的视野起到了一定的作用。此外，新媒体的应用对培养学生的独立思考能力也起到了积极的作用，而新媒体技术发展迅速，对学生的思维产生了很大的影响。新媒体的应用为学生营造了一个交流的环境，改变了他们的生活方式，它在思想政治教育中的应用，可以为学生带来新的思维方式。

新媒体是一个新鲜的事物，而大学生有较强的接受新事物的能力，新媒体的应用对学生的价值观、人生观和世界观产生影响。在新媒体平台上，各种意识形态并存，在多元价值环境中，学生容易受到不良影响。大学生没有太多的社会经验，因此容易受到新媒体平台上负面信息的影响，这对大学生思想政治教育提出了新的挑战。新媒体的应用改变了思想政治教育信息传播的环境，新媒体的信息内容相对简单，思想政治知识内容的传播呈现出支离破碎的形式，对学生的进一步学习也容易产生影响。

传统的思想政治教育主要采用面对面的教师单向灌输方式，学生在课堂上被动地听老师讲课，下课时与老师进行交流，或按照老师的要求去图书馆查阅资料或撰写论文。总体而言，传统的思想政治教育学习方式比较单一，学生的主动性和主体性发挥有限。学习主要是知识信息的传递和迁移过程。然而，全媒体技术的发展为高职院校的思想政治教育带来了各种信息传递方式的多样性和立体性。现在学生可以利用各种全媒体媒介进行学习，这使得思想政治教育的学习方式更加多元化。学生可以通过互联网、移动应用、社交媒体等渠道获取丰富的学习资源，包括视频、音频、电子书籍和在线课程等。他们可以随时随地进行学习，并且可以通过互动和参与式的学习方式更好地发挥自己的主动性。

比如，学生可以通过微课、慕课等网上资源进行自学，可以利用 VR 技术进行实践体验与感悟，还可以进行直播或者运营公众号或者贴吧进行讨论与学习。这些多样化的学习途径为学生提供了更加灵活和便捷的方式来进行思想政治教育的学习。学生可以根据自己的兴趣和需求选择适合自己的学习方式，充分利用各种媒体资源来提升自己的思想政治素养和综合能力。同时，教育机构和教师也需要适应全媒体时代的发展趋势，提供多样化的教学内容和教学方法，以满足学生的学习需求。

二、学习内容更加丰富

传统媒体给高校思想政治教育工作的传播和扩展带来了深远的影响，长期以课堂教学为主阵地。大学生课堂的讲授以及学理知识的探讨，同学们之间的谈心、谈话、社会实践讨论等形式的开展，这些都是有效实现大学生思想政治教育的新途径。进入全媒体时代，通过网络代际以及手机传递和多媒体教学等方式，大大加强了大学生思想政治教育的灵活性和便捷性。如微信、微博、QQ、空间论坛等不受空间和时间的限制，能够方便快捷地发布具有个性化、标识性的信息，呈现出一种新型的思想政治教育效果，并能凸显其独特的优势。

要坚持不懈培育和弘扬社会主义核心价值观，引导广大师生做社会主义核心价值观的坚定信仰者、积极传播者、模范践行者。新媒体技术更新迭代的发展也为大学生思想政治教育工作者提供了灵活多变的教育手段。相比较于传统媒体的单向输出，新媒体可以借助平台力量进行教育手段的整合和创新，打破传播过程当中固有的壁垒。在世界政治、经济、文化、社会共融的客观环境下，通过新媒体灵活的教育手段，能够不断地进行文化融合、知识互通、思维互动。大学生思想政治教育的视野开阔，及时便捷地传播最新的科学技术和文化知识，对大学生思想政治教育工作的有效开展起到了积极的推动作用，新媒体逐渐成为大学生思想政治教育重要载体之一。

三、学习方法不断创新

在新时代，社会阶层的分化和学生群体的形成已经使得单一雷同的教育模式不再适应。冰冷教条式的说教方式已经无法满足新时代学生的特点。因此，新时代思想政治教育需要采用个别化的教育方法，根据学生的年龄、性别、阶层、思想、家庭和经济等具体情况有针对性地进行教育，以增强教育方法与个人特征的匹配度。

首先，思想政治教育需要强化体认性。高校思政教师应该具备感同身受的同理心，用心用情去感悟和体认学生的实际困难和心理困扰，真心实意地与学生进行沟通交流。他们应该站在学生的角度分析问题，用真情获得学生情感上的认同，建立起彼此信任的桥梁。同时，对于学生所面临的实际困难，教师不能只是听而不闻，而应积极主动地帮助解决学习和生活中的实际问题，将思想政治教育与实际帮扶相结合，让学生真切地感受到思想政治教育的温情、温馨和温暖。

其次，思想政治教育需要提升针对性。每个个体都是独特的，高校思政教师必须以学生的个人情况为出发点，坚持问题导向，增强问题意识，直面学生的思想问题，有针对性地进行思想政治教育。他们应纠正学生的认识偏差，防止腐蚀和蜕变，弘扬社会主义核心价值观，巩固学生的理想信念。同时，教师还应引导学生积极正面地看待社会发展中阶层分化所带来的心理差异，理性认识经济发展和社会竞争的自然结果，疏导负面情绪，消解悲观思维，因势利导地进行思想政治教育。

最后，在全媒体时代，高校思想政治教育的学习方法需要不断创新，以适应学生的学习需求和时代的发展。高校可以为学生提供丰富的学习资源，如在线课程、教学视频、电子书籍等。这些资源可以提供更多的学习材料和互动机会，让学生主动学习和深入理解。在高校思想政治教育中，要设计一些互动的游戏、模拟角色扮演或虚拟实境体验，让学生在玩乐中学习，提高学生学习的积极性。高校可以创建专门的思想政治教育社区或讨论群组，学生可以在这些平台上进行思想交流、分享学习资源以及参与讨论。高校可以根据学生的学习兴趣、知识水平和学习风格，提供个性化的学习推荐和学习路径。思想政治教育的学习方法要注重实践和体验，让学生亲身参与社会实践。例如，组织学生参观政府机构、法庭或社会组织，参与社区服务活动或模拟政治活动等。

四、学习资源不断共享

全媒体时代，仅仅依靠少量的网络思政教育公开课是完全不够的。要达到良好效果，就要不断占领网络思政教育的高地。既需要思政教师制作并发布精彩的精品思政课程，也需要网络系统的支持；既需要思政教师、辅导员等开设有关思政类的微信群、QQ 群及微信公众号引领主流舆论，更需要推送精彩的内容吸引学生关注、转发和传播；既需要学生具备判断辨别能力，更需要其自觉抵制不良思想的侵蚀。要想达到良好的育人效果，就应该是学校、教师、家庭、社会多方协调促进，同向而行，合力育人。

新媒体的出现依托于网络技术以及数字科学技术，不断进行资源整合优化，以移动通信技术为基础，形成了庞大复杂的网络体系。新媒体具有丰富的信息内容，快捷的传输渠道，大范围的覆盖面积，海量的信息容量，形式聚合与多样化等特点。与传统媒体相比具有不可替代的优势，是本质上的超越。大学生思想工作和政治工作的实效开展，是借助新媒体平台进行全员、全方位、全过程系统的理论学习，将党的大政方针政策、思想理论进行准确快速的传播，无须受到复杂烦琐程序的制约。

将日常思想政治教育作为教育的主要阵地。学校是大学生学习和生活的"根据地"，高校思想政治教育课程作为大学生学习的主流文化。因此，思想政治教育不应仅仅局限于课堂上，更要贯彻到日常生活当中。提高思想政治教育课堂教学质量的同时也要求教育手段灵活多变。根据教育对象的不同，开展工作的教育方式也需要改变，将大学生思想政治教育渗透到日常生活中，能够对大学生进行全面系统的培育和塑造，巩固高校育人成果。新媒体时代高校育人体系呈现立体化，新媒体的发展为大学生思想政治教育工作提供了技术支撑和创新条件。

五、传播渠道高效快捷

在传统的传播结构中，信息、媒体和青年是一个三角模型，媒体处于三角顶端，不仅信息流动是一种"信息源—媒体—青年"的单向流动，传播渠道主要是通过报刊、电视、广播等传统媒介以大众传播的方式，进行两点一线的平面传播，相对单一且有时间空间局限。而全媒体的出现带来了信息传播渠道从单一向多样化的转变，从点面向立体化的转变，构建了网状模型的传播格局。在这一格局中，青年不仅是传播对象，也是传播者，多元媒体和信息、青年都成为这一网状中的点，在这一立体化空间中进行从点到线、从线到面、从面到体的全方位传播，这种多样、立体的传播渠道能够更好地促进信息流动，对于思想政治教育而言，可以充分利用这一优势向青年传播思政声音。

当前，随着全媒体的应用领域不断扩大，"无处不在、无所不及、无人不用"的全媒体传播格局正在形成，加之网络空间的无边界化和传播渠道的多样化，信息传播过程的开放性特征明显。传播过程的开放性使得海量信息涌现，信息质量良莠不齐，这就不可避免地造成不良信息的传播。新时代青年正处于人生"拔节孕穗期"，思维活跃，思想还不成熟，对信息辨别能力不强，极易受到一些庸俗文化、不良思想观念的辐射和侵蚀，造成他们理想信念丢失、社会道德缺失、社会责任感迷失，不能进行正确的价值判断和价值选择。因此，高校要清醒认识到这一问题，加强对青年的思想政治教育，帮助他们树立正确的、牢固的价值观，增强抵御错误思想倾向的能力。

时代在进步，从原有的口语传播到文字传播，到印刷传播，再到电子传播，时代的更替、技术的迭代恰恰说明原有的传播有弊端。互联网发展5G时代到来，新媒体时代下，消息传播速度远胜之前，真正实现了零距离对话，各类App即时通信功能，让人们体会不到远古时代通信难的痛苦。

大学生常用的微博，热点上升十分迅速，可能几分钟之前发生的事情就会立即被大众知晓，有助于大学生更快了解时事热点。这样的自媒体同时也给他们提供了迅速发表评论的平台。

六、信息的交互、包容、开放

互联网能够使用户共享全球信息资源，并且我们可以通过各种各样的数据库，随时进行检索，从而获取到我们所需要的内容，这从侧面也反映出网络传播的更新速度更快、成本更低这一特点，网络传播过程中没有了地域限制，完全打破了传统或者物理上的空间概念，使整个世界变成了一个地球村，从传播文化的角度讲，它也为跨文化传播提供了前所未有的方便和一定的信息交流渠道。

从整个传播学的角度讲，互动性是所有网络传播的根本特征。比如微信、QQ为什么能有那么大的用户基数，就是互动性最直观的体现，你给我发个消息，我可以一秒内给你应答，还有朋友圈的点赞、公众号的留言等，在这样的网络传播中，人和人之间的社会关系和身份趋于平等，每个人都有了表达自我的机会。

七、方式手段的多样化

所有你能看到的、听到的、触摸到的内容、广告，它的背后载体都是全媒体的一部分。比如广播、电视、电影、短视频、文章等，以及我们生活中各种互联网上的、实体线下的内容媒介。它的出现突破了传统的新闻传播，提高了受众在视觉、听觉、感觉上的体验。其中，文字常用来叙述交代新闻事件及其背景，图片、视频和声音则用来充实新闻内容，起到了补充、渲染的作用，提高了新闻的可靠性、真实性和客观性。在网络媒体的发展过程中，早期由于技术条件限制，网络新闻主要以单一的文字形式表现，网络宽带所以少有图片穿插。随着技术进步，网络新闻进入多媒体时代，但早期出现的文字、图片、声音、视频往往是相互分离的。虽然手段增加，但表达效果仍然受限。而发展到现在，网络技术已然成熟，才能呈现出如今异彩纷呈的网络新闻。

　　如今，融媒体大势所趋，在这一基础上，造就了自媒体的产生。自媒体是指大众通过网络发布和自己本身有关的信息的传播方式。这种传播方式早已和我们的生活密不可分了，据《中国互联网发展状况统计报告》预测，2020年短视频行业日活跃用户总数将达到10亿。互联网上，李子柒、李佳琦、薇亚等博主名字如雷贯耳，影响力毫不逊色于流量明星。网络媒体飞速发展，逼得央视媒体转型。11月9日，央视官方微博推出主持人康辉的第一支VLOG，关注量一路飙升，网友纷纷表达对央视这次运营的好感。疫情期间，一场为恢复湖北经济的公益性直播带货由央视推出，直播带货官是凭借说"段子"火爆全网的朱广权和声称粉丝是所有女生的直播带货王李佳琦。在中意建交50周年专场，康辉联合李佳琦带货意大利好物，关注度都很高，这几次跨界合作都收获了观众的好感和支持。

八、自主性教育方式

　　在今天信息万变的时代里，网络带给人类的好处可谓数不胜数，同时也给我们学生带来了不计其数的方便。在科技不发达的古代，人们曾幻想足不出户，就晓知天下之事，而如今科技高速发展已将此幻想变为了现实。作为新世纪的学生，更要"风声雨声读书声，声声入耳。家事国事天下事，事事关心"。

　　网络很好地解决了这一难题。网络给大学生提供了巨大的学习资源。网络的发展使我们的社会进入大数据时代，大学生们可以通过网络查找到各自需要的学习资源，同时网络资源的共享，大大提高了大学生对资源的利用率。网络上的巨大知识资源，使得大学生们能够接触更加宽广的知识面，开阔眼界，活跃思维。大学生不仅可以很方便地查到自己所需要的信息，从中最快地查找学习资料，可以学会更多课堂外的知识，并灵活地运用课内知识，促进思维的发展，培养学生的创造力。还可以超越时空和经济的制约，在网上接受名校的教育。

网络有利于大学生与不同的人的交流，从而学习到更多的东西。网络能够快速传输信息，大学生可以通过网络与不同的人交流，扩大交际圈，在网络上寻找到良师益友，并且交流学习经验。而且互联网上的交互式学习、丰富的三维图形展示、语言解说等多媒体内容，使原来抽象、枯燥的学习内容通过图形、动画等表现形式而变得直观，增强了学生的学习兴趣，使得学习变得轻松、有趣，这是任何教科书都不可能具备的。

刚从高中步入大学，我们总会保持着应试教育的惯性。高中时我们被限制在各个班级中，不能决定听不听课，也不能决定听谁讲课。同时，绝大多数高中禁止将电子产品带入学校。到了大学，对老师的选择是自由的。即使没选上某位老师的课，也可以去旁听。如果对校内的老师都不满意，也可以上海内外名师的网课。全媒体为大学生群体本身也提供了一个成本不大的平台，不管是对新领域的尝试，还是对能力的锻炼，如雨后春笋般冒出的各类媒体为大学生准备了自主性的教育环境。

第三节　全媒体时代高校思想政治教育的新挑战

全媒体时代是人人有发言权的时代，一件事从发生到结束的全过程，能够让所有人都可以参与记录、评论，这是全媒体时代的全过程特征；每一个人都可以将自己的生活经历分享给媒体，将自己的情绪、对事物的看法、对人生的理解，都记录在了网络上。短视频、直播等可视化的媒体，随着时间的推移，已经逐渐成为一种流行趋势，它可以很好地适应现代社会的工作和生活，同时也加强了信息的传播。在这样一个时代，我们有责任运用时代所给予的科技，推动高校思想政治教育的进一步普及与发展，为社会培养出更多的优秀学生。新媒体为思想政治教育的创新发展带来良好机遇的同时，也给思想政治教育带来了严峻挑战。

一、对思想政治教育工作者"知识权威"的消解

在新媒体时代，高校思政教学工作面临着许多挑战和变革，传统的教学模式和方法已经无法满足学生的需求，而新媒体的兴起给思政教育带来了全新的机遇。新媒体平台如微博、微信公众号、短视频平台等，为高校思政教育提供了更多元化的传播渠道和教学手段。然而，新媒体的快速发展也带来了信息过载、碎片化和真假信息难辨等问题，给思政教育带来了一定的困境。为了应对这些困境，高校思政教学工作需要创新思路，充分利用新媒体平台的优势，提高教学的质量和效果。

（一）多元价值观对主流价值观的冲击

当今社会中，我们拥有门类繁多的全媒体资源，这使得我们获取信息变得更加便利。我们可以通过网上搜索得到老师所讲问题的答案，也可以找到老师没有讲到的问题的回答。我们可以观看新闻、浏览榜单、发表评论，看起来似乎了解了很多事情。然而，实际上，这些碎片化的信息并不能被称为知识。这些信息碎片大多只是事实和结果的陈述，而且其中可能还包含错误的信息。它们无法形成相互联系的知识体系。长期接触这种缺乏理论深度的信息会削弱学生独立思考的能力。当学生接触过量的信息时，这些信息可能与他们原有的态度和观念产生冲突，他们可能会感到迷茫和困惑。他们可能很难辨识表面现象背后的本质，更不用说探究事物的发展规律了。这无疑对思想政治教育提出了严峻的挑战。

在全媒体时代，科学技术赋予信息以更加灵活的方式传递，打破了时间和空间的局限。特别是近几年受新冠肺炎疫情影响，本着"停课不停学"的原则，高校师生在线授课，线上教学蓬勃发展，渗透率进一步提升；网络教育的接受程度和认可程度也是前所未有的。教师可以借此机会整合网上资源，进行课堂教学录制，或通过网上一对一或多人互动，让学生在自己的时间和空间里反复观看课程和授课过程，并根据自己的需要和兴趣来选择自己喜欢的内容；还可以通过互联网平台将分散的信息进行整合，使其更加高效地被使用。老师和学生们可以通过网络进行面对面的交流，既方便又快速，又可以通过网络进行交流和讨论。同时，还可以与国外的专家进行直接的沟通，扩大学生的思想政治教育，促进教育信息化。这种全媒体化的教学方法，使单位时间的容量得到了扩展，学生的时间和空间得到了扩展。

（二）碎片化信息与理论深度之间的矛盾

随着新媒体网络技术的迅猛发展，大学生已成为网民与低头族的主力军，这拓宽了认知的广度，却降低了辩证的思考能力。1995 年，美国旧金山举行过一个会议，这个会议上集合了来自全球的五百多位政治、经济精英，包括撒切尔夫人、老布什这样的人物。这些精英在一块儿讨论的问题是：如何应对全球化。他们认为随着全球化的程度加深，一定会造成严重的贫富差距，最终全球财富会集中在 20% 的人手里。这样一来，那 80% 的人就成了边缘人，如果他们不满、抗争、发生冲突怎么办？

有人就想出了一个方法，这个方法就是：给那 80% 的人塞上一个奶嘴。这些奶嘴是什么呢？就是能让人迅速得到满足的产业。比如看一些明星的花边新闻、家长里短，让这 80% 的人沉溺在安逸当中，从而失去上进心，也失去深度思考的能力。这样的话，他们慢慢就不会抗争了，他们会期待媒体为他们思考，会被娱乐信息占据全部思考能力等。这个战略，就是著名的"奶嘴计划"。

全媒体时代，信息的来源变多了，评判的标准多了，现在的时代可以说这个也对，那个也对，不能说什么东西是完全错的。以前的信息是书，出书有一定的门槛，负责任的作者会反复斟酌他写的东西，书一旦出版也成为评判这个作者的好坏的物证。但现在的信息来源是网络，作者是一个个账号，他们也不在乎自己到底在写什么，最差不过再开一个账号。读者呢？读者变得麻木了，好像也不在乎自己在读什么，只要找一点碎片化的信息来消耗这点碎片化的时间就好。

信息碎片化降低了现代人的思维能力。碎片化的最大特点就是：短、快、杂。垃圾信息广布，眼花缭乱的信息一条接一条，使我们无法完全接触到良好的、有深度的信息，绝大多数的信息不会像书本内容那样成体系地呈现出来。当下很多人追求的是阅读浏览速度，想直接获取答案，使得当代的大学生不愿意花更多的时间去思考，沉下心来去探究深层次的理论，变得更加主观化、追随化和舆论化，与理论深度之间的鸿沟越来越大。

在全媒体时代，单向沟通的格局已经被打破，呈现出双向、多元的互动，而学生也变得更有主动性。在课余的空闲时间里，老师可以随时与同学们进行学术探讨和意见交换，以使更好地理解每个学生的个性和特长，以达到因材施教的目的。老师也可以使用各种媒体技术，例如微信、微博、贴吧等网络平台提供更多的便利，老师可以在网上直接与学生进行交流，能够加强学生思想政治工作的针对性、实效性。另外，师生还可以进行交流、分享观点、共享资源。

（三）混淆虚拟世界和真实生活之间的界限

随着科技的迅猛发展，虚拟世界和真实世界之间的界限逐渐模糊。人们在数字化的环境中与现实世界互动，为我们带来了前所未有的体验和机会。通过虚拟现实技术和在线平台，人们可以在数字环境中探索、创造和交互。游戏、社交媒体和虚拟现实应用已经成为许多人日常生活的一部分。虚拟世界提供了逃离现实的机会，让我们可以尝试新的身份、追求梦想和建立全新的社交网络。

首先，虚拟世界可以提供人们一种逃避现实生活压力的方式。在虚拟世界中，人们可以放松身心，释放压力，获得心理上的舒适感。其次，虚拟世界可以满足人们的社交需求。在现实生活中，有些人可能没有足够的机会和其他人互动，而虚拟世界可以提供一种方便的互动平台。此外，虚拟世界也可以提供人们更多的自由和选择，在虚拟世界里人们可以获得许多成就感。

然而，虚拟世界也在一定程度上让很多大学生与现实世界脱节，沉迷于虚幻的体验而忽视现实生活。他们在真实世界与他人互动、体验情感降低，与他人建立深厚的人际关系、培养身心健康、关注社会问题和环境保护等意识不再那么强烈，不重视真实世界中的挑战和困难。虚拟世界往往仅仅需要一个账号，很容易就能获得满足，让他们能在虚拟世界里进行信息流动和社交互动，成为另一个他们随意就能成为的人，他们在虚拟世界和现实生活中会表现出两面性、双重人设，给我们高校的思想工作带来了很大的困难。

二、对国家意识形态安全的挑战

从大环境而言，世界正处于百年未有之大变局，经济全球化高速发展，产教融合观念的日益加深助推高等教育的逐渐扩张，加上新媒体手段的迅速崛起，使得多元文化与人类的发展相伴相生，在这种多元交织的文化格局下，给高校的思想政治工作的权威性带来了极大的挑战。

随着信息技术的飞速发展和普及，大学生已成为网民与低头族的主力军。全媒体技术的便捷程度超乎人们的想象，其快速的传播速度和广泛的覆盖面，为高校思想政治教育的话语权提供了难得的机遇与挑战。网络时代信息爆炸，大量的信息和观点可以轻易地传播和获取。然而，网络上也存在大量的虚假信息、误导性内容和极端观点，这给高校思想政治教育带来了挑战。学生可能会受到虚假信息的误导，难以辨别真相，影响他们对思想政治问题的正确理解和判断能力。

在全媒体时代，网络上存在大量的虚假信息和谣言，这些信息可能被用于操纵公众的意识形态和价值观。组织和个人可以利用网络平台传播虚假信息，制造混乱和分裂，干扰国家的意识形态安全。同时，网络为极端主义和恐怖主义组织提供了宣传和招募的渠道。这些组织利用社交媒体、在线论坛和视频平台传播极端思想，对国家的稳定和安全构成威胁。另外，网络时代个人信息的泄露和滥用问题突出。个人隐私的泄露可能导致个人受到迫害和排斥，对国家的意识形态安全产生间接影响。

为应对这些挑战，国家可以采取以下措施。一是建立健全网络安全法规和监管机制，防止虚假信息的传播。这些法律法规包括网络信息安全、个人信息保护、网络攻击和犯罪行为惩治等内容。同时，法规和监管机制的制定和执行需要与时俱进，不断适应网络发展和安全威胁的变化。二是加强网络安全技术和防御能力。国家应投入资源建设强大的网络安全基础设施，包括建立安全的网络架构、安全的通信和数据存储系统，以及安全的身份验证和访问控制机制。三是加强公民网络素养教育，提高公众对虚假信息和极端主义的辨识能力，培养正确的意识形态和价值观。学校和教育机构可以将网络安全教育纳入课程，教授学生如何正确使用互联网、保护个人信息、识别网络欺诈和威胁等。这有助于培养学生的网络安全意识和自我保护能力。四是加强个人信息保护和隐私权利保障，明确规定个人信息的收集、使用、存储和共享等方面的要求，并建立相应的监管机构进行监督和执法。个人信息的收集、存储和传输过程中应采取必要的安全措施，如加密、访问控制、安全审计等，确保个人信息的安全性和保密性。组织和企业应建立健全的个人信息安全管理制度，并定期进行安全风险评估和漏洞修复。

在全媒体时代，网络提供了广泛的信息源，但也存在信息过剩的问题。大学生可能倾向于选择符合自己思想倾向的信息源，形成信息的闭塞和偏见。这可能导致他们对多样性观点的认识不足，缺乏对其他观点的包容和理解。为此，高校要通过培养学生的信息素养和批判思维能力、引导多元化观点以及建设安全网络空间等方式，提升思想政治教育的效果。

三、培养思政教育工作者的全媒体素养

媒介意识素养指的是培养对媒介传播信息识别的敏感度，通过捕捉、分

析有用信息，积极参与媒介活动。在我国，进行媒介素养教育的最大障碍仍然是意识上的落后。大多数人对媒介及媒介信息仍然是被动接受的状态，媒介素养还处于自发发展的阶段。马克思主义认为意识对物质具有能动作用，它作为一种无形的力量，不断告诉人们应该做什么，以及如何做。

一方面，高校思政工作者在使用新媒体方面的比例较高，他们自发地具备了一定的媒介素养。尽管大多数人没有接受过相关培训，但他们对提升自身媒介素养的愿望较强烈；另一方面，尽管高校思政工作者的学历和学位普遍较高，但由于媒介素养教育的滞后，他们普遍对"媒介素养"的概念不熟悉，缺乏媒介意识和相关知识，参与媒介制作的比例较低，无法充分利用媒介资源开展工作。此外，他们对媒介批判的意识较欠缺，媒介素养道德有待进一步提高。

造成高校思政工作者媒介素养缺乏的原因是多方面的。从社会层面来看，我国的媒介素养教育处于起步阶段，对大多数人来说仍然很陌生。尽管近年来关于媒介素养教育的论文逐渐增加，但缺乏针对高校思政工作者媒介素养状况的全面系统的定量实证调研，这影响了研究者对媒介素养教育具体内容、目标和方法的研究；从高校层面来看，我国大部分高校尚未开始倡导和开展媒介素养教育实践，而且开展媒介素养教育所需的师资培训、课程设置和教材编写等一系列环境尚未完善；从个人层面来看，由于精力、知识结构和思想认识等方面的原因，一些高校思政工作者在心理上还没有完全适应新媒体带来的变化，他们对新媒体知识相对匮乏，缺乏参与大学生教育管理的积极性。

孔子曰："其身正，不令而行；其身不正，虽令不从。"在新媒体环境下，要做好高校思政教育工作，高校思政工作者首先要成为具有合格媒介道德素养的人，他们媒介道德素养的高低直接影响大学生的媒介道德素养。一方面，要积极引导高校思政工作者遵守媒介使用的道德规范和相关法律法规，使他们树立正确的世界观、价值观、人生观和传播观；另一方面，要努力提高他们的道德素质，培养他们的道德责任感和道德自律性，以道德内化高度指导自己的行为实践，使之成为知识丰富、人格高尚的媒介"把关人"，引导大学生健康成长。

"进入 21 世纪以后，国际竞争更加剧烈，文化竞争能产生的作用越来越被各个国家和地区给予高度重视。"① 作为高校思政工作者，应该顺应历史潮流，积极转变教育观念，主动跟上新网络时代的步伐，培养敏锐的媒介意识。在工作中，应该把握多元化沟通交流的需求，以易于理解和接受的方式开展工作。同时，需要认识新媒体、接触新媒体、学习新媒体、使用新媒体，以适应新媒体时代高校思政教育的需求。

---

① 徐东升，李婧，薛舒文. 新时代沂蒙红色文化传承与弘扬研究 [M]. 北京：九州出版社，2023：152.

第四章　全媒体时代高校思想政治教育的理论创新

　　高校的思想教育工作是非常重大的系统工程，是当前强化学生思想政治素质的重要手段，能够促进学生的全面发展。在当前理想信念和思想观念多元化的社会下，学生受到网络信息的冲击，三观以及理想信念和行为模式都发生了明显的改变。当前需要广大教育工作者深入思考如何有效发挥利用高校思想政治教育的作用，探究其中存在的问题与成因，并且提出应对措施。

　　"思想政治教育应该立足实践之基、回答时代之问、满足学生所需。"思政学科特点决定了思想政治教育要关注现实、回应现实，要重点推动高校思想政治教育的增量改革和渐进提升，让思政教育助力高校培养更多高质量人才。

第一节　高校思想政治工作理论创新的必要性

　　高校思想政治工作创新发展中心是提升新时代高校思想政治工作质量的创新性研究型工作平台，承担着开展高校思想政治工作研究、咨询服务、协作协同、互动交流的重要任务，将有效发挥高校思想政治工作创新发展"思想库"及"信息库"作用。教育部开展高校思想政治工作创新发展中心培育建设是深入学习贯彻习近平新时代中国特色社会主义思想和党的十九大精神、进一步推动全国高校思想政治工作会议精神落地生根、全面推进高校思想政治工作质量提升工程有效实施的重要举措。

上好思政课，能够帮助青年学生树立正确的价值观、人生观、世界观，有利于青年学生的健康成长。在当今的社会环境下，网络非常发达，青少年容易被网上的各种意识形态误导、带偏，而上好思政课就能够及时纠正学生的不良认知，将他们拉到正确的意识形态轨道上来。各级各类学校要充分认识到思政课的重要性，帮助青年学生在心灵上埋下"真善美"的种子，坚决杜绝"假丑恶"，引导他们"扣好人生第一粒扣子"，树立正确的价值观念。

上好思政课关键在于主讲教师。"师者，所以传道授业解惑也。"古往今来，老师都是人类灵魂的工程师，是学生的照明灯、引路人。老师有良好的思政认知才能准确无误地传授给学生。这就要求教师在"德""行"方面要高尚，能为学生树立起模范、榜样的形象。我们常说，"立德"方能"树人"，教师要具备"德"，必须牢记马克思主义信念和共产主义理想，在设计和教授思政课时要充分发挥积极性、主动性和创造性，为学生作正确的引导。这样才能完成为党育人、为国育才的神圣使命，才能真正地将学生培养好、塑造好、教育好。

上好思政课，也要做好理论联系实际。要把在校的思政课堂知识与社会实践充分结合起来，要将师生亲见亲闻亲为的鲜活事例贯穿于思政课教学，进一步提升思政课的思想性、理论性和亲和力、针对性，让青年学生通过学习实例潜移默化地受到教育。2020年，是我国抗日战争胜利75周年，我们经过14年艰苦卓绝的抗战，才最终取得了反法西斯战争的胜利。这些重要的事件都可以在思政课结合具体的知识点进行讲解，并充分与学生互动，强化学生们对爱国主义、集体主义的理解与认识。要让青年学生做到"内化于心，外化于行"，不仅充分理解思政课的内涵，也要做到学以致用，这才能真正地掌握、理解思政课的精髓，才能在思想上得到收获与升华。

上好思政课的目的就是要培养合格的社会主义建设者和接班人。在教育引导青年学生时，要强化他们对国家和民族的责任感，要把爱国情、强国志、报国行自觉融入坚持和发展中国特色社会主义的事业中，要让他们树立远大的理想与抱负，要把祖国建设成社会主义现代化强国、为实现中华民族伟大复兴的中国梦作为不懈追求的奋斗目标。

第二节　全媒体时代高校思想政治教育理论创新的原则

党的十九届六中全会提出："一百年来，党领导人民进行伟大奋斗，积累了宝贵的历史经验，这就是：坚持党的领导，坚持人民至上，坚持理论创新，坚持独立自主，坚持中国道路，坚持胸怀天下，坚持开拓创新，坚持敢于斗争，坚持统一战线，坚持自我革命。"这"十个坚持"是党弥足珍贵的精神财富，其中蕴含的价值对于做好新时代思想政治教育工作有着重要的借鉴和启示意义。

一、坚持和加强党的全面领导，突出政治领导力

"坚持党的领导"，是党的事业取得胜利的根本和命脉。新时代应当全面加强党对高校思想政治教育的领导，推动思想政治教育工作高质量发展。要立足"两个大局"，以党建工作为引领，坚持以习近平新时代中国特色社会主义思想为指导，探索党建工作与立德树人深度融合的工作机制，促进党建工作与立德树人工作双提升。同时，应当更加注重发挥党员和入党积极分子的先锋模范作用，发挥他们在学风建设、校园文化活动开展等方面的榜样引领作用。唯有坚持加强党对高校思想政治教育的领导，方能突出政治领导力、防范和化解高校意识形态工作风险，引领高校思想政治教育工作朝着正确的方向发展。

"坚持中国道路"，中国特色社会主义是实现中华民族伟大复兴的必由之路。我们党重视理论与实际相结合，把握人类社会发展规律，走出了一条中

国式现代化道路，为世界贡献了中国智慧和中国方案。做好高校思政工作，应主动探索思想政治教育的现代化发展道路，要根据大环境和受教主体的变化，把握大学生成长和发展规律，探索与时俱进的工作方式和方法，走出一条有中国特色的高校思想政治工作发展之路。

二、坚持以人为本，增强思政生命力

"坚持人民至上"，表明了中国共产党以人民为中心的价值导向和根本立场。这启示高校思想政治教育工作应当坚持以生为本，促进学生德智体美劳全面发展。要在充分尊重新时代大学生的主体性和精准把握新时代大学生的新特征的基础上因材施教，探索新方法、新机制，激发学生成长成才的内生动力。同时，在工作中要注重涵养大学生的家国情怀和人民情怀，培养他们的奋斗精神和奉献精神。要引导学生自觉提高政治站位，积极践行社会主义核心价值观，力所能及为身边的同学和群众办实事、解难题。

"坚持统一战线"，是党执政兴国的重要法宝。中国共产党在各个历史时期都注重统一战线，团结了一切可以团结的力量。这启示我们，做好高校思想政治教育工作，应当注重协同育人，构建立体化大思政育人体系，实现育人力量与育人机制的协同，提升"三全育人"实效。要引导青年大学生在学习、生活和工作中团结同学、团结群众，凝心聚力，共同进步。在奉献中锤炼品格和能力，自觉努力成长为能担当民族复兴大任的时代新人。

三、强化理论武装，提升思想感召力

"坚持理论创新"，是党的事业取得胜利的行动指南。百年党史就是一部不断推动马克思主义中国化的历史，是一部不断进行理论创新、理论创造的历史。高校思想政治工作者应当巩固马克思主义在意识形态领域的指导地位。要坚持把马克思主义基本原理同中国具体实际相结合、同中华优秀传统文化相结合，做好高校思想政治工作，用科学的理论武装新时代大学生，促进党史学习教育常态化、制度化。通过"青马工程"培训班、各类讲座等，坚持不懈加强思政课程理论学习教育。同时结合思想政治教育工作实际，引导学生认真学习习近平新时代中国特色社会主义思想，领悟思想和理论的力量，学会用马克思主义的立场、观点和方法分析问题和解决问题。

"坚持胸怀天下"，彰显了中国共产党的大党担当。高校思政工作者应当有全球视野，结合世界历史和全球化发展趋势讲好中国故事。在教育中应注重培养新时代大学生的全球意识、人类命运共同体意识，涵养学生的国际主义情怀。要引导学生坚持用联系、发展的观点看问题，认识世界变化大格局，在国际视野中加强理论学习，主动培养世界眼光和国际视野。要引导学生在学习和生活中维护中国的国际形象，为人类文明发展进步作贡献。

四、勇于改革创新，增强价值引领力

"坚持独立自主"，是中国共产党行稳致远的道路选择。百年党史，是一部独立自主探索道路的历史，体现了我们党始终掌握历史主动、不盲目照搬别国经验的政治自觉。这启示高校思想政治教育工作者应当坚持把准政治方向，主动适应新时代发展，抓住铸魂育人主线，在工作中避免经验主义，破解高校思想政治教育难题。同时，要培养学生独立自主、艰苦奋斗的精神，引导学生培养独立人格、主动学习成长，做新时代新征程的奋进者。

"坚持开拓创新"，是党的事业取得胜利的动力保障。高校思想政治教育应坚持以立德树人为本、以守正创新为道，要根据新情况新问题，推动思想政治教育工作创新发展，做到因事而化、因时而进、因势而新。唯有不断挖掘新内容，开拓新载体，探索新方法，才能增强思想政治教育的吸引力和感召力。在信息高速传播的新媒体时代，应充分利用网络载体，加强网络思政，讲好中国故事，在思想政治工作中走出一条新路。

"坚持自我革命"，是中国共产党永葆旺盛生命力的重要法宝，也是中国共产党区别于其他政党的显著标志。这启示高校思想政治教育工作应当不断总结经验教训，促进教育方式方法的改革和创新。高校思政课教学过程中要引导新时代大学生认识自我、不断反思、及时改进，在工作、学习中不断提升自我。通过学习共产党人的优秀品格，不断锤炼自己的政治品格。

"坚持敢于斗争"，是党应对困难挑战的鲜明品格。中国共产党人在面临困难挫折时百折不挠、不怕牺牲、英勇无畏。这启示高校思想政治教育工作者加强高校思想政治教育风险防控，勇于克服困难，有效应对思政工作中的各种风险挑战，维护社会主流意识形态安全。高校思想政治工作者应引导新时代大学生面对新问题和新困难时，发扬大无畏精神，增强自身的责任与担当，树立正确的人生价值观。

第三节　全媒体时代高校思想政治教育理论创新的目的

学生是国家的希望、民族的未来，学生的素质能力直接影响到社会的发展水平，所以高校应该重视思想政治教育工作，以立德树人为教育工作的根本目标，朝着这一根本目标发展，为学生们指明正确的政治方向，带领学生们更好地了解我们的国家和历史，培养学生们的爱国精神，提升高校学生们的思想政治觉悟水平，那么，学生们会形成积极向上、乐观的性格，会自主地想要提升自身专业能力，为社会的发展、祖国的建设作出贡献。

一、树立正确的三观是前提

正确的价值观、人生观和世界观能够为学生后续发展指明正确方向，正确的三观和学生的能力是促进学生发展的必然要素，二者相辅相成、缺一不可，倘若学生仅有专业能力素养而缺乏正确的三观，那么很有可能会做出危害自身以及危害社会的事情，这主要是由于现阶段社会环境复杂，存在多种观念，如果学生未形成正确的三观，那么很容易会受到其他理念和思想的影响。同时这也凸显出新时代背景下高校思想政治教育工作的重要价值，只有做好思想政治教育工作，才能提高学生的思想政治水平，在正确的环境指引下，一定会对学生起到正面的影响。

二、实现中华民族伟大复兴的背景

新时期背景下，实现中华民族的伟大复兴，是近代以来中华民族最伟大的梦想，高校的思想政治教育工作也应该以此为核心，不断地创新发展，在思想政治教育工作的过程当中贯彻落实新理念和新思想。在此背景下，能够不断地丰富高校思想政治教育工作的内涵，高校教师在工作的过程当中也会明确新的发展方向，在教育过程当中不断践行新思想、新理念，保持自身教育工作的先进性，为学生们输送积极、健康、正确的思想政治观念，为学生后续的发展打下有力的基础。

实现社会主义现代化和中华民族伟大复兴，具有深厚的历史渊源。实现社会主义现代化是近代以来中国人民梦寐以求的夙愿，实现中华民族伟大复兴是近代以来中华民族最伟大的梦想。中国共产党自成立以来，为实现民族独立、人民解放、国家富强、人民幸福而不懈奋斗，建立了人民当家作主的新社会，确立了符合实际的先进制度，彻底结束了旧中国四分五裂、一盘散沙的局面，改变了中华民族的命运。新时代中国特色社会主义总任务是近代以来中国人民争取民族独立、实现国家富强的继承和发展，是中华人民共和国成立以来社会主义建设事业的继承和发展，既体现了中国人的理想，也反映了先人们不懈追求进步的光荣传统。

实现社会主义现代化和中华民族伟大复兴，具有广泛的现实基础。经过改革开放 40 多年的发展，我国经济社会各方面取得了历史性成就，人们的生产生活有了巨大的变化。我国国内生产总值稳居世界第二，对世界经济增长贡献率超过百分之三十。供给侧结构性改革深入推进，经济结构不断优化，数字经济等新兴产业蓬勃发展，高铁、公路、桥梁、港口、机场等基础设施建设快速推进。这些成就表明，我国社会生产力总体水平显著提高，社会生产能力在很多方面进入世界前列。

三、适应新时代特色的要求

为了适应时代的发展变化和满足学生的需求，高校思想政治教育就是应该及时地根据新时代特色更新教学内容，保证教学内容的先进性。教学内容应该贴近实际生活，教师在教学的过程当中还可以引入现阶段的社会热门话题，与学生们进行讨论，对学生的看法也应该给予重视，调动学生的积极性，营造良好的课堂气氛。在这种气氛环境之下，也能够更好地调动学生们的积极性，让学生们自主地进行思想政治学习。此外，在课下，教师也应该与学生沟通交流，这样也能够更加了解学生们的实际需求。根据学生实际需求不断地改善教学内容，创造出符合学生发展规律的、顺应社会发展的教学内容。

四、改变教学方式的需要

如果说教学内容是教学的载体，那么教学方式就是提高学生思想政治水平的手段。在新时代背景下，学生们可以通过智能设备学习到自己想学的知识，大大减少了时间以及空间的制约，所以教师也应该紧随时代的发展，不断利用信息化手段改善教学方式。例如，可以利用学习软件了解学生们对于知识点的理解情况，将学生放在教学的主体位置。此外，还可以对学生们讲解一些真实的案例，让学生们对案例发表自己的看法，鼓励学生们大胆表达自身看法，但是教师要注意整体方向的把控，对于想法存在偏差的学生要及时沟通，促进其朝着健康的方向发展。另外，还可以为学生们提供一些思想政治教育实践机会。例如，志愿者服务活动、主题实践活动等。在实践的过程当中，有利于培养学生们的道德意识，在意识的影响下也会促进学生行为的健康发展。

良好的教学模式会对整体的教育工作起到指明方向、提高质量的作用，所以高校想要创新思想政治教育教学，那么就应该建立健全的思想政治教学模式，更新传统的教学模式，将学生放在教学的主体地位，建立完善的评价体系，以思想政治教育的根本目标为导向，减少理论形式主义，深化多元教学。教师对学生的评价不应该仅仅依靠期末的考试成绩，而是应该从多方位对学生的思想政治水平进行掌握，将道德品质与道德修养列入评价体系。例如，可以与其他任课教师沟通，对本班同学的德育进行评价，还要关注学生们的课堂表现，保证整体评价的客观性和全面性，对于成绩较好的学生应该提出表扬，对成绩一般的学生也应该进行鼓励，并耐心地做出辅导，以此来提高思想政治教育教学的质量。

新时代背景之下，搭建网络思想政治教育平台是创新教育模式的重要手段，教育平台的搭建有利于促进线上与线下教育的结合，解决高校学生时间碎片化的问题。例如，可以开发关于思想政治教育的公众号，在公众号中推送一些社会热点、时事政策，通过这种方式，将思想政治教育工作融入学生们的生活当中，还可以适当的将红色文化资源融入公众号的信息当中，红色文化资源是重要的思想政治教育资源，能够深深影响到学生们的观念。此外，高校应该积极地与互联网企业进行合作，开发出适合本学校思想政治教育工作的平台或软件，使思想政治教育网络化更加具有规范性和系统性。在此情况下，不仅能够创新思想政治教育工作，还能提高整体的教育质量，将思想政治教育的内容贯通到学生的思想观念当中，长此以往，各个高校的思政教育工作一定会取得很大的成效。

五、做好监督管理的要求

良好的监督工作能够保证高校思想政治教育工作的质量，所以应该建立健全的监督体系，从多方面对思想政治教育讲师的教学工作进行监督管理，可以从学校、家长以及社会三方面进行。学校方面：学校应该建立教学评价体系与教师督查组，学生们可以对教师的教学质量和内容进行评价，学校在得到评价时要进行积极的反馈，如果教师的教学工作存在问题，要积极地批评指正；家长方面：学校要积极地与家长进行沟通交流，阐述思想政治教育工作的重要性，在得到家长的配合与重视的情况下，能够促进教育工作的顺利开展，同时也要积极聆听家长对于学校教学工作的建议或意见，并积极地进行改正；社会方面：高校所培养的人才是为社会的发展服务的，所以对于本学校毕业走向社会的学生也应该进行适当的了解。对毕业生的了解是学校明确社会评价的渠道，在这种情况下，能够更好地开展思想政治教育工作，能够及时了解思想政治教育工作的不足之处，进而及时地改正，不断提高自身的教育教学质量，为促进学生的全面发展提供支持。

六、智慧思政的方向

随着新媒体的快速发展和普及，高校思政教学面临着新的挑战和机遇。新媒体为思政教育提供了更多元化的传播渠道和教学手段，但同时也带来了信息过载、碎片化等问题。针对这些困境，高校思政教学需要创新思路，结合新媒体的特点和学生的需求，寻找有效的教学方法和策略。

在新时代环境之下，应该促进智慧思政与思政教育的融合，推动思政教育智能化进程，在建立智能化思政教育平台之后，还应该开发思政教育系统，系统内应该包括学生个人、学校、家庭以及社会等要素，保证各方面力量协同发展，共同促进思想政治教育教学的发展，在此过程当中应该保证各个环节的紧密相连、协调互通，为促进学生的全面发展提供保障，并逐步地促进新时代背景下高校思想政治教育的教学水平，在良好的思想政治觉悟之下，学生们才能够在正确的道路上不断发展，利用自身的专业素质能力，为我国社会主义现代化的建设添砖加瓦。

新时代背景下，高校思想政治教育工作有利于提高学生们的综合素质能力，引领学生们形成正确的三观，同时也能够丰富高校思想政治教育工作的内涵。但是现阶段高校的思想政治教学内容比较落后，教学方式以及教学模式都有待完善与创新。因此，各个院校应该不断创新教学内容，更新教学方式，建立健全的教学模式，搭建智能化教育平台，保证智能化思想政治教育工作的顺利推进，在这种情况下才能够保证高校思想政治教育工作的质量，促进高校学生全面发展，为社会的发展输送全面型的建设人才。

第四节　全媒体时代高校思想政治教育理论创新的思路

在新媒体时代，高校思政教学工作面临着许多挑战和变革，传统的教学模式和方法已经无法满足学生的需求，而新媒体的兴起给思政教育带来了全新的机遇。新媒体平台如微博、微信公众号、短视频平台等，为高校思政教育提供了更多元化的传播渠道和教学手段。然而，新媒体的快速发展也带来了信息过载、碎片化和真假信息难辨等问题，给思政教育带来了一定的困境。为了应对这些困境，高校思政教学工作需要创新思路，充分利用新媒体平台的优势，提高教学的质量和效果。

一、教学内容精选与策划

通过精心策划和选择教学内容，教师能够为学生提供有深度和价值的思政教育体验，引导他们深入思考和探索，培养批判性思维和价值观引领能力。具体内容如下。

首先，教师需要明确思政教育工作的核心概念和主题，并将其纳入教学内容的策划中，核心概念包括社会主义核心价值观、国家治理、社会公德等，主题可以涵盖社会问题、时事热点、伦理道德等，明确核心概念和主题有助于教师确立教学内容的方向和重点。同时，要结合新媒体时代的特点。由于海量的信息使得学生面临信息过载的困境，因此，教师可以通过专业学术期刊、权威媒体、研究机构的研究报告等渠道，精选和筛选优质的教学资源，确保所选内容具有学术可靠性、观点合理性和信息真实性。另外，教师可以根据不同的学习需求和兴趣，设计多样化的学习材料，包括文本、图片、音频、视频等多种形式的资源。例如，可以选取经典文献、著名演讲、专家访谈、案例分析等，以丰富多样的形式呈现思政教育内容。其次，教师需要引导学生进行深度思考和批判思维，帮助他们理解和分析思政教育内容的内涵和背后的价值观，可以通过设计相关问题、讨论话题、写作任务等，促使学生对所学内容进行反思、评价和批判，提高他们的思维深度和批判能力。教师还可以将思政教育内容与实际问题和案例相结合，使学生能够将所学知识与现实生活联系起来，通过讨论和分析真实的社会问题和案例，学生可以更好地理解和应用思政教育的核心概念和原则，培养批判性思维和解决问题的能力。最后，教师还需要鼓励学生积极参与思政教育的学习过程，并提供多样化的表达机会，通过在线讨论、小组讨论、写作任务等方式，激发学生的思考和表达，培养他们的沟通能力和自主学习能力。

二、培养信息素养和批判思维能力

通过培养学生的信息素养和批判思维能力，教师可以帮助学生更好地应对新媒体时代的信息挑战，避免被误导和误解。具体内容如下。

首先，教师可以通过课堂教学和课外训练，引导学生培养良好的信息素养，例如，教授学生如何有效地搜索和获取信息，如何评估信息的可靠性和可信度，以及如何应用信息解决问题和做出判断，通过教授信息素养的基本概念和技能，学生可以更好地应对新媒体时代的信息过载和信息混乱；其次，教师可以教授学生一些有效的信息搜索和筛选方法，帮助他们找到可靠和有价值的信息资源，包括使用权威搜索引擎、选择可信的学术数据库、参考权威的媒体和出版物等，在搜索和筛选过程中，教师可以介绍一些评估信息可信度的标准，如来源的可靠性、信息的一致性、证据的充分性等；同时，教师需要鼓励学生运用批判思维来分析和评估新媒体中的观点和信息，可以通过讨论和案例分析的方式，引导学生思考和提出问题，激发他们对信息的深入思考和多角度分析，让学生学会质疑和验证信息的真实性和合理性，形成独立思考的能力，不轻易接受或传播未经验证的信息；另外，教师可以通过组织讨论和案例分析活动，引导学生分析和评估新媒体中的观点和信息，例如，可以选择一些具有争议性的话题和案例，让学生就不同观点展开讨论，了解各种立场和观点的优缺点，通过分析案例，学生可以了解信息传播中存在的问题和偏见，培养他们辨别和评估信息的能力。除了理论学习，教师还应该鼓励学生进行实践与应用，将所学的信息素养和批判思维能力应用到实际问题中，通过组织小组项目或个人研究，要求学生收集、分析和评估相关信息，形成自己的观点和结论。

三、引导深入思考和互动讨论

通过引导深入思考和互动讨论，教师可以激发学生的思维活力，培养他们的批判性思维、创新能力和团队合作意识。具体内容如下。

首先，在制定教学目标时，教师需要设计具有启发性和引导性的问题，激发学生的思考和讨论，这些问题可以涉及思政教育的核心概念、社会问题、伦理道德等方面，通过设计开放性的问题，教师可以激发学生的思维，鼓励他们提出自己的观点和见解，培养批判性思维和创新能力。同时，教师需要充分利用新媒体平台的特点，如在线论坛、微信群、课堂博客等，创设互动平台，鼓励学生进行讨论和交流，学生可以在这些平台上分享自己的观点、提出问题、回答他人的疑问等，教师可以及时回应学生的发言，给予鼓励和指导，形成良好的互动氛围。其次，在学生的思考和互动讨论中，教师需要起到指导和引导的作用，通过及时给予学生反馈，对学生的观点进行评价和引导。通过这种方式激发学生的学习兴趣，促进他们深入思考和进一步探索。最后，教师也可以利用反馈的机会对学生的错误观点进行纠正和指导，帮助他们形成正确的思维方式。在新媒体平台上，教师可以组织学生之间的合作和讨论。可以安排小组项目、合作写作等活动，让学生在合作中交流和学习，通过团队合作，学生可以互相启发、共同探索，培养团队合作意识和协作能力，教师通过设立相应的目标和任务，引导学生进行有效的合作和讨论。

四、提供真实案例和实践体验

通过提供真实案例和实践体验，结合新媒体平台的展示和交流功能，学生可以深入了解社会问题和现实挑战，拓宽视野，增强对社会的认知和理解。具体内容如下。

首先，由于新媒体平台具有高效的信息效率，教师可以通过新媒体平台分享真实的实时案例，案例可以涵盖社会问题和现实挑战，这些案例可以包括社会热点事件、成功或失败的个人或组织经验、社会实践报告等，通过真实案例的引入，学生可以更加直观地了解社会问题的复杂性和挑战性，从而引发他们对相关问题的思考和讨论。同时，教师可以利用新媒体平台展示学生的实践体验，如社会实践报告、社区服务项目、志愿活动等。学生通过文字、图片、视频等方式分享自己的实践经验和感悟，这不仅可以帮助学生总结和巩固所学的理论知识，还可以激发其他学生的积极参与和学习兴趣。其次，高校可以邀请相关领域的专家学者、成功人士或社会活动家，通过新媒体平台进行专题讲座或嘉宾分享，分享内容包括经验、见解和观点，与学生进行互动和交流，通过与专家学者的互动，学生可以获得更加全面和深入的知识，了解不同领域的思想和实践。最后，通过提供真实案例和实践体验，教师可以激发学生的积极参与和社会责任感，学生可以通过学习案例和实践经验，认识到自己作为社会成员的责任和义务，进而积极参与社会实践和公益活动，在这个过程中，教师可以组织相关的讨论和反思，引导学生思考个体与社会的关系，培养他们的社会责任感和公民意识。

五、强化学生个人发展指导

通过强化学生个人发展指导，结合新媒体的个性化特点，高校可以为学生提供个性化的思政教育支持和引导，从而满足学生的需求，促进他们的个人发展和成长，提升思政教育的有效性和实效性。具体内容如下。

首先，教师可以利用新媒体平台开展网络问卷调查，了解学生的兴趣、需求和意见，通过设计问卷，教师可以收集学生对思政教育的反馈和期望，了解他们的学习习惯、兴趣爱好、个人发展需求等信息，从而根据学生意愿，为其提供个性化的思政教育支持和引导，从而满足不同学生的需求。同时，教师可以与学生进行个人目标设定和规划，通过在线交流和指导，帮助学生制定个人发展目标和计划，学生可以利用新媒体平台进行与教师的在线讨论，分享自己的目标和想法，接受教师的指导和建议，而教师可以根据学生的兴趣和能力，提供相应的资源和指导，促进学生的个人发展和成长。其次，基于学生的兴趣和需求，教师可以利用新媒体平台向学生推荐个性化的思政教育资源，包括优质的文章、视频、书籍、网络课程等，涵盖不同领域和主题。最后，教师可以通过新媒体平台提供在线指导和辅导，与学生进行一对一或小组交流，学生可以就个人问题、困惑或思考与教师进行深入讨论和交流。

六、教师专业发展与创新实践

新媒体背景下，对教师的专业性提出了更高的要求，因此，高校需要提升教师的教学水平和创新能力，推动思政教学与新媒体的融合发展。具体内容如下。

首先，高校需要对教师提供相应的培训和资源支持，帮助教师掌握新媒体技术和工具的使用，包括举办培训课程、研讨会和工作坊，教授教师如何有效地利用新媒体平台进行思政教学，同时，提供技术支持和资源，使教师能够设计和开发新的教学方法和形式。其次，高校需要鼓励教师进行创新实践和教学研究，探索思政教育与新媒体的有机结合，教师可以开展教学实验和项目，尝试新媒体平台上的教学方法和工具，并进行评估和改进，在这个过程中还需要鼓励教师在教学研究方面进行深入探索，分享经验和成果，推动思政教学的创新和提升。最后，高校需要组建一支汇集思政教育领域的专家和教师的教学团队，共同研究和推进新媒体背景下的思政教学工作。教学团队可以进行经验交流、教学设计和评估，共同解决思政教学中的问题和挑战，此外，还应鼓励跨学科合作，将不同学科的教师和专家引入思政教学中，丰富思政教育的内容和视野。

随着新媒体的快速发展，高校思政教育面临着许多新的挑战和机遇，通过充分利用新媒体平台的多样性、互动性、实时性和跨时空特点，高校可以打破传统教学的束缚，更好地适应新媒体时代的需求，培养学生成为有思想、有担当的社会主义建设者和接班人。

第五章　全媒体时代高校思想政治教育的
应用创新

第一节　思想政治工作是高校一切工作的生命线

2021 年 7 月 1 日，习近平总书记在热烈庆祝中国共产党成立 100 周年大会重要讲话中，首次阐述并解释了伟大建党精神的内涵："一百年前，中国共产党的先驱们创建了中国共产党，形成了'坚持真理、坚守理想，践行初心、担当使命，不怕牺牲、英勇斗争，对党忠诚、不负人民'的伟大建党精神，这是中国共产党的精神之源。"[①] 伟大建党精神是中国共产党人精神谱系的历史源头，蕴含着百年大党依然朝气蓬勃的精神密码。

新的历史时期，高校的思想政治工作不能像以往那样单纯灌输理想信念，而要把大学生内在的积极性和主动性调动起来，努力使思想政治教育成为大学生内在的强烈需求，把思想政治教育做到学生的心里去。在新的形势下如何充分发挥大学生在思想政治教育中的积极性和主动性，最重要的就是要坚持以人为本，贴近学生实际、贴近学生生活的原则。

习近平总书记指出，要坚持把立德树人作为中心环节，把思想政治工作贯穿教育教学全过程，实现全程育人、全方位育人，努力开创我国高等教育事业发展新局面。近年来，各部门各地区各高校持续深入学习习近平总书记

---

① 习近平. 在庆祝中国共产党成立 100 周年大会上的讲话 [N]. 人民日报，2021-07-02 (02).

重要讲话精神，积极作为、主动创新，高校思想政治工作呈现新气象，思想政治教育质量明显提升。但毋庸讳言，高校思想政治教育依然存在一些短板和弱项，比如，把握重大事件契机开展思想政治教育的意识和能力还不足，网络思想政治教育实效性亟待提升等。做好新形势下高校思想政治教育工作，应从以下三方面着力。

一、着力激发学生能量，提升思政教育参与性与获得感

心理学研究表明：需要是人的一切活动的动力源泉，是人的积极性产生的基础。思想政治工作的对象是人，做人的思想政治工作的一个重要前提与基本要求就是尊重人、理解人、承认每个人都有自己的权利和责任。在人人都有自己的权利这个基础上，来合理地理解和解决人的各种思想矛盾与问题。对当代的大学生来说，成长成才是他们最强烈的愿望和需要。

因此，高校思想政治教育工作应该紧紧抓住这个特点，通过理论教育、知识传授、实践锻炼等多方面的工作，紧紧围绕大学生普遍关心的改革开放和现代化建设中的重大问题，做好释疑解惑和教育引导工作，帮助他们认清形势，提高素质，增强竞争力，从而实现大学生自我发展与社会进步的有机统一。只有贴近学生、了解学生、尊重学生，才能提高思想政治教育的针对性、亲和力和吸引力。

"好雨知时节，当春乃发生。"高校应利用一些重大事件节点，把握好育人契机，将其与日常思政教育有机融合。重大事件主要包括党和国家重要会议的召开、重要时间节点举行的纪念庆典、重大活动和赛事举办等。

重大事件蕴含着重大的意义主题和丰富的教育元素，及时适时开展主题鲜明、感染力强、丰富多彩的思想政治教育活动，能实现育人主题、内容和形式的有机统一，倍增思政教育效果；重大事件举办之前，师生往往会形成心理预期、精神期待和思想准备，抓住这一时机开展思政教育正契合教育对象的心理；重大事件举办期间，社会各界的广泛关注和参与能够为思想

政治教育营造良好氛围，这样的社会大课堂能够唤醒历史记忆、建构集体认同、激活全民思想，成为涤荡高校师生爱国情怀和民族精神、坚定高校师生理想信念和初心使命的强大力量。此外，还要注意提前谋划、科学设计、主动作为。如，2019 年是中华人民共和国成立 70 周年，2021 年是中国共产党成立 100 周年，高校要以这些重大时间节点为坐标，积极创新融合思政教育模式。

二、大力创新传播形式，提升思政教育创新性与亲和力

当代大学生既面临一些思想问题，在生活中也面临很多实际问题，而这些实际问题往往是他们的思想问题的根源。解决了这些实际问题，能为解决思想问题创造条件，其至一些"思想问题"就会迎刃而解。当代大学生有着特殊的成长背景和环境，大多数是独生子女，承载着社会和家长的极高期望。他们一直在升学的压力下成长，考进大学后又身处学业和就业的竞争。比如，不适应大学生活，学业有困难，不会处理与同学、老师、异性的关系，不会规划个人职业生涯，健康状况不好，有经济困难等。如果我们对这些实际问题，视而不见、麻木不仁，该施以援手时不出手，只会说大道理，那么，即使这些道理都对，也不会收到任何效果。相反，它会拉大我们和学生的距离，使双方在情感上、心理上更有隔阂。解决大学生的实际问题，能使他们感受到党和政府以及学校的温暖，体会到社会主义制度的优越性，进而增强思想政治教育的效果。

只有关心学生的合理需求和实际困难，做学生的贴心人，切实解决他们的实际问题，才能使思想政治工作更具有说服力和感染力，才能增强思想政治工作的凝聚力和吸引力；才能调动起学生的积极性和主动性，才能逐步提高学生的思想觉悟。在思想政治教育中，要特别注重从小事做起，把学生当成朋友，经常以朋友的身份与学生交往，以关心学生的姿态深入学生的学习、工作和生活，诚心诚意地帮助学生解决学习、生活和工作中的困难，使学生

真切地体会到思想政治工作者是他们的良师益友，他们有困难会很自然地想到你，有思想问题也会找到你，只有做到这些，你才能深入了解学生真实的思想，才能及时有效、有针对性地做好学生思想的疏导与转化工作。

要运用新媒体新技术使工作活起来，推动思想政治工作传统优势同信息技术高度融合，增强时代感和吸引力。这为高校推进网络思政提供了基本遵循。

一是坚持主旋律和吸引力相结合。要深刻认识到网络思政教育不仅是形式，更是内容；不仅是手段，更是目的。要坚持以习近平新时代中国特色社会主义思想为指导，强化议题设置、内容供给，推进传播层级和深度，唱响主旋律。要与师生的认知特点、成长需求、接受方式"匹配""合拍"，将单向灌输、被动接受，变为多向交互、直接即时的交流对话、讨论辩论。要加强网络思政的资源可用性、在线支持可及性、在线学习过程的协作性，增强网络思政的沉浸体验。

二是坚持网上和网下相结合。网络既是现实的人的延伸，又是现实社会的延伸，具有虚实二重性和相互模塑性。要积极建立现实和网络两个空间的全域性思想政治教育机制，实现在线离线整合。坚持将互联网移入、泛在、嵌套于传统的现实教育空间，创新实践育人、文化育人和榜样育人等"互联网+"和"+互联网"双向路径。

三是加强网络素养教育，发挥师生主体积极性。高校师生不仅是信息的接收者，也是信息的生产和制造者。重点要加强师生网络身份意识、网络责任感和价值观等方面的网络素养教育，充分发挥师生在网络思政中的主体作用，激发参与网络空间文明建设的自觉性、积极性。

三、不断丰富成果转化，提升思政教育生动性与影响力

长期以来，以教师为中心的传承式、灌输式教学过程，约束了学生的学习主动性和积极性。思想政治教育要想取得良好的效果仅靠教育者单方面的

施教行为是远远不行的，更重要的是受教者要充分认识到自己的主体地位并自觉自愿地实现自我教育。因此，作为教育主导者的教师，应该尊重大学生的主体地位，促进其主体意识的养成，使大学生以积极的姿态参与教育的全过程。在日常管理方面，要注重充分发挥大学生自我教育、自我管理、自我服务的作用。学生的自我教育、自我管理、自我服务有多种形式途径，如学生党团组织和学生党团员的模范带头作用、学生社团开展的活动、勤工助学活动、学生宿舍文化建设、网上论坛等。

当今世界正经历百年未有之大变局，中国正处在发展、复兴的关键期，风险和挑战接踵而至。青年是整个社会中最具有朝气的一股力量，在民族发展的道路上，中国青年任重而道远。一代人有一代人的使命，一代人有一代人的担当。国家的希望在青年，民族的未来在青年。党的青年工作的重要任务是引导青年健康成长，培育出能够担当起民族复兴大任的时代新人。中国青年应具备树立远大理想、担当时代责任、勇于砥砺奋斗、练就过硬本领、锤炼品德修为。青年的理想信念和国家紧密相连，也关乎着未来青年的成长。青年应树立大局意识，为祖国需要和人民利益而奋斗拼搏，才能有更为广阔的人生舞台。学生的创造力是无穷的，我们只要给予充分的信任和尊重，为其创造条件，一定能调动他们的积极性和主动性。同时，注重多倾听学生意见、了解学生需求，鼓励和支持大学生开展丰富多彩的活动，在活动中接受锻炼，长知识、增才干。

四、优化育人平台，不断增强思政教育实效

一是要把提高教师思想政治素质和职业道德水平摆在首要位置，扎实推进师德师风建设工程。既要划定师德底线红线，强化师德监督、考评和失德失范失信行为的惩戒力度，又要发掘师德典型、讲好师德故事、弘扬师德楷模，涵育师风校风教风学风正能量。

二是要将教师思政教育贯穿教师成长发展全过程。既要用思政教育引领

教师职前职后培养、入职晋职晋升纵向全过程，又要将思政教育融入教师的教学、科研、指导学生、服务社会横向全环节，促进教师思政与教师的职业发展、专业成长、学术生涯相互促进、相得益彰。

三是要在教师思政的教育主题和教育对象上突出重点。应组织时代感强、特色鲜明的主题教育，突出理想信念教育、形势政策教育、党情国情社情民情教育、职业道德和学术规范教育、育德意识和育德能力教育等重点主题。在教育对象上，需着力推进青年教师思想政治教育，建立听其意、聚其力、展其智、赋其能、解其难等制度化机制，更加注重人文关怀和心理疏导，更加主动地走进青年教师群体，提升青年教师思政工作的亲和力和感染力。

五、弘扬爱国主义精神，培育大学生的家国情怀

当代大学生出生在改革开放年代，成长于社会转型时期，他们思想开放，思维活跃。在当前新的历史条件下，传统的封闭教育模式已经不能满足他们的需求。所以我们要积极地实现从封闭课堂向社会实践的创新转型，将课堂讲授、形势报告等传统的教育形式寓于丰富的校园和社会实践活动中，使思想政治教育以生动的实践为载体，使思想政治工作寓于乐、付于行。如丰富多彩的校园文体活动和校园公益活动、社会调查、生产实习、社会公益劳动、社会服务、志愿者行动、团队活动、读书活动等，让学生在实践中了解校情、民情和国情，加深对党的基本路线的理解，增强社会责任感和使命感，培养艰苦创业精神和理论联系实际的作风，体验和强化为人民服务的意识，这样既使大学生受到潜移默化的思想政治教育，又使高校思想政治工作增强了吸引力。

同时，还要充分利用现代化信息技术为思想政治教育开辟新的阵地。信息技术特别是网络技术的飞速发展，为高校思想政治工作方法的创新提供了现代化的手段。网络是把双刃剑，因此，高校思想政治工作要高度重视网络的作用，认真研究网络和大学生的特点，坚持疏堵结合，加强管理，积极开

展网上宣传，在网上唱响主旋律，努力开辟高校思想政治工作新途径和新天地，实现高校思想政治工作在更深层次上的创新。

第二节　全媒体在大学生思想政治教育应用中存在的问题

随着新媒体的迅速发展和普及，其在教育领域的应用日益受到重视。大学生思想政治教育是培养学生良好思想品德和政治素养的重要环节。随着信息化时代的到来，大学生的学习习惯和接受方式发生了显著变化，他们熟悉并善于利用新媒体进行信息获取、交流和学习。

一、信息真实性和可靠性

新媒体上存在许多不准确的信息，包括错误的数据、不实的论述和夸大的表述等，这些不准确的信息可能误导学生，使其对思想政治教育的内容产生误解或形成错误观点。另外，新媒体上也存在大量的虚假信息和谣言，这些信息可能是有意误导或恶意散布，旨在影响学生的思想和观点，学生如果不能正确辨别虚假信息，可能会受到误导和影响，对思想政治教育产生负面影响。并且，新媒体中的信息往往带有作者的主观观点和偏见，这些偏见和主观性可能会影响学生对于思想政治问题的客观理解和判断，学生需要具备辨别信息中的主观性和偏见的能力，以便形成独立思考和全面理解的能力。

二、信息过载和碎片化

新媒体为学生提供了大量的信息资源，涵盖了各种主题和观点，然而，学生可能会面临信息过载的挑战，即在短时间内接收到大量的信息，难以有效处理和吸收。学生可能被淹没在琐碎的信息中，无法筛选和获取有价值的内容，从而影响对思想政治教育的理解和学习效果。另外，新媒体的特点是信息的碎片化呈现，例如短视频、微博、动态等形式。学生经常通过快速浏览和短时间阅读的方式获取信息，这种碎片化的学习方式使学生难以进行深入思考和全面理解，缺乏系统性的知识结构和思维能力，学生只能获得表面的知识，而无法建立起对思想政治教育内容的整体认识。同时，新媒体中的信息呈现形式多样，包括文字、图片、音频和视频等，这种多样性可能导致学生的注意力分散，难以集中精力进行深入学习。学生可能在短时间内频繁切换不同类型的信息，无法持续关注和思考，影响了他们对思想政治教育内容的全面把握。最后，由于新媒体提供的信息碎片化，学生可能难以建立起系统性的知识结构，他们可能只掌握某个特定主题或事件的零散信息，而缺乏对于整体框架和思想政治教育内容的系统性理解，限制学生对于思想政治问题的深入思考和批判性思维的培养。

三、依赖性和分散注意力

新媒体的便捷性和娱乐性使得学生容易陷入过度依赖和滥用的状态，社交媒体、游戏和娱乐应用等吸引人的功能和内容，使学生沉迷其中并忽视学习思想政治教育的重要性。他们可能过度依赖这些媒体，将大量时间和精力花在娱乐活动上，而忽略了对思想政治知识的学习和思考。同时，新媒体以其多样的内容和形式吸引着学生的注意力，学生可能在使用新媒体时面临注意力分散的问题，很难保持专注和集中精力，社交媒体的通知、新闻推送、游戏的刺激等因素容易打断学生的学习进程，导致他们无法长时间保持对思想政治教育的专注，从而影响学习效果。另外，过度依赖新媒体和分散注意力可能导致学生对思想政治教育的重要性和深度认识不足，他们可能将新媒体仅仅视为娱乐和社交工具，而忽视了其在提升思想政治素养和批判性思维能力方面的潜力，学生可能对思想政治问题缺乏足够的兴趣和投入，从而影响了他们对于思想政治教育内容的理解和学习动力。除此之外，依赖性和分散注意力的问题会直接影响学生的学习效果，过度沉迷于新媒体的使用会使学生的学习时间和精力被消耗，无法有效地进行思想政治教育的学习和思考，学生可能缺乏系统性的知识积累和深入思考的能力，影响思想政治素养的培养和学习目标的达成。

四、个人信息安全和隐私保护

在利用新媒体进行思想政治教育时，学生可能需要提供个人信息，例如注册账号、填写个人资料等，这些信息通常包括姓名、学号、联系方式等隐私信息。然而，如果个人信息的管理和保护措施不到位，存在信息泄露的风险，可能导致学生个人隐私受到侵犯。并且，学生在使用新媒体平台进行思想政治教育时，需要登录账号并使用相应的在线工具和资源，然而，不同的在线平台可能存在安全漏洞或数据泄露的风险，学生的个人信息和学习数据可能会被不法分子获取，从而对个人隐私和信息安全构成威胁。另外，新媒体平台通常具有社交性和互动性，学生在进行思想政治教育的过程中可能涉及讨论、交流和分享，然而，学生的个人观点和言论可能会被他人滥用或恶意利用，导致个人隐私受到侵犯，此外，学生在互动中可能暴露于网络欺凌、诈骗等风险之中。

第三节 全媒体时代加强高校思想政治教育的应用策略

将新媒体与思想政治教育相结合，可以更好地适应当代大学生的学习需求，提高思想政治教育的教学效果和效率。然而，新媒体应用中也存在着一些问题，因此，需要寻找优化策略来解决这些问题，以提高新媒体在大学生思想政治教育中的应用效果。

一、构建面向多重互动的教学实践平台

在全媒体时代，学生可以通过邮箱、微信及时与老师进行沟通，同时也可以通过微信、微博、贴吧、论坛等平台进行留言、交流，让老师能够更好地了解学生的思想和观点；老师们对自己的看法进行补充，同时还可以利用微课、慕课等学习平台，让学生能够更好地了解网上的知识。师生可以在 App 上分享自己的信息，老师可以在高校的网站上公布自己的重点和难点，同时也可以录制视频，让老师和学生之间的互动更加便捷。丰富的教学内容能很好地满足学生的个性化需要。另外，还可以利用电子布告栏来张贴时政新闻，让同学们在高校里就能感受到无形的熏陶；同时，还可以弘扬社会主义核心价值观、弘扬红色文化，形成良好的校园文化。

（一）提供可信赖的内容

首先，学校可以与权威媒体建立合作伙伴关系，共同推出思想政治教育内容，这些权威媒体可以是政府机构、知名媒体机构、高校研究中心等具有公信力和专业性的机构，与他们的合作可以确保所提供的内容具备可信度和权威性。在提供内容之前，学校应进行严格的筛选和审核，内容的准确性、客观性和学术性是评估的重点。通过专业的团队对内容进行审查，确保其符合学术标准和事实真相。为了提供可信赖的内容，学校可以从多个来源获取信息，包括收集来自多个权威媒体、学术期刊、研究机构和专业学会的资讯，通过多元化的来源，可以避免信息的偏见和不准确性。另外，学校应鼓励学生进行事实核查，培养他们对信息的批判性思维，学校可以为学生提供相关的工具和指导，教授他们如何验证信息的来源、查证数据和事实，并培养他们辨别真假信息的能力。学校可以提供学术资源和专家支持，以确保内容的学术性和专业性，包括学术研究成果、专家讲座、学术论文等，为学生提供更深入和全面的思想政治教育内容。

（二）提供有针对性的学习资源

学校可以根据学生的学习需求和课程目标，设计精选的学习资料，这些资料包括教材、教学课件、学习指南等，通过对资料的筛选和组织，可以提供清晰、系统的学习路径，帮助学生有条理地学习思想政治教育的内容。学术论文是思想政治教育中重要的学习资源之一，学校可以在新媒体平台上推荐优质的学术论文，供学生阅读和学习，这些论文可以涵盖不同主题和观点，帮助学生深入理解和思考思想政治教育的重要议题。通过新媒体平台，学校可以组织专题讨论，让学生参与其中，这些讨论可以围绕思想政治教育的核心概念、热点问题或案例展开，通过讨论，学生可以交流意见、分享观点，并从多元的视角中获得更深入的理解。学校可以在新媒体平台上开设在线课程，提供灵活的学习方式，包括录播课程、在线讲座、短视频教学等形式，通过在线课程，学生可以根据自己的时间和兴趣，选择合适的学习资源，并进行自主学习。学校可以根据学生的学习需求，提供个性化的学习支持，例如，通过在线学习平台提供学习推荐、学习辅导、个别指导等服务，帮助学生更好地理解和掌握思想政治教育的内容。

（三）引导和监督学习过程

学校可以设计互动性强的学习活动，以激发学生的积极参与和思考，例如，在线讨论和辩论平台可以为学生提供一个交流和分享观点的空间，这种互动活动可以引导学生思考问题、表达观点，并促进他们的批判性思维和逻辑推理能力的发展。教师在学习过程中起到重要的监督和指导作用，他们可以在新媒体平台上对学生的学习进行监督，并及时给予指导和反馈，教师可以提醒学生注意学习的重要性，鼓励他们养成良好的学习习惯，避免过度沉迷于社交媒体和娱乐。另外，学校可以为学生提供关于如何合理使用新媒体资源的指导和培训，学生需要了解如何筛选有价值的内容，如何规划学习时间，如何克服分散注意力的困扰，通过引导学生合理使用新媒体资源，可以帮助他们更好地专注于思想政治教育的学习。同时，学校可以提供学习支持和辅导，帮助学生在新媒体环境中有效学习，包括在线学习指导、学习技巧培训、学术写作指导等，通过提供个性化的学习支持，可以帮助学生克服学习困难，提高学习效果。学校也可以建立学生互助平台，让学生之间相互交流和帮助，学生可以分享学习心得、解决问题，并共同探讨思想政治教育的话题，这种互助平台可以促进学生之间的合作学习和相互激励，提高学习效果。

（四）培养信息素养和批判思维能力

首先，学校可以将信息素养纳入思想政治教育中的课程内容，通过教授学生如何评估和分析信息的能力，可以帮助他们更好地辨别真伪、筛选有价值的信息，学生可以学习判断信息来源的可信度，了解如何查证信息的准确性，并学会识别虚假和误导性信息。其次，思想政治教育可以注重培养学生的批判思维能力，学生可以通过思考和讨论，学会对信息进行分析和评价，形成自己的观点和立场，学校可以引导学生提出问题、寻找证据、进行逻辑推理，并培养他们对不同观点的辨析能力，这样，学生在面对新媒体中的信息时能够更加理性地思考和判断。同时，学校可以通过提供案例和实践活动来培养学生的信息素养和批判思维能力，例如，组织学生参与辩论、论文写作、调研报告等活动，让他们在实践中学会搜集、整理和分析信息，培养批判性思维和独立思考的能力。除了培养信息素养和批判思维能力，学校还应强调信息伦理和道德，学生需要了解在新媒体时代，使用信息的权益和责任。他们需要了解信息的产生和传播对个人和社会的影响，以及如何正确使用和分享信息，避免违法、不当或侵犯隐私的行为。

（五）加强个人信息安全和隐私保护措施

学校应该严格审核用于思想政治教育的在线平台，确保选择经过认证和有良好口碑的平台，具备高度的安全性和隐私保护机制，这些平台应该采用先进的技术和加密措施，保护学生个人信息的安全。另外，学校需要制定严格的权限管理策略，确保只有授权人员能够访问学生的个人信息，教师和管理员应仅限于必要的权限，同时定期审查和更新权限设置，以防止未经授权的访问和数据泄露。并且，学校需要与在线平台合作，提供清晰的隐私政策和知情同意协议，明确说明平台如何收集、使用和保护学生的个人信息，学生和家长应在使用平台之前充分了解并同意这些政策，以确保他们的个人信息得到适当的保护。

二、构建网上"两课"教学基地

在网络时代，"两课"教育仍然应该成为大学生思想政治教育的主要渠道。在传统的教育方式中，教师通过面对面的课堂宣讲、个别谈心、座谈讨论等方式向学生传达知识、激发情感，从而提高他们的认识水平、解决问题能力和自觉性。这些方式具有针对性强、反馈及时的优势。然而，在新形势下，思想政治教育方式面临新的情况和挑战。首先，传统的德育课教学往往是教师一言堂，即使是最民主的教师，也无法使每个学生都能充分表达自己的观点，这是传统德育教育的一个弱点。教师的主观意识和选择性传递信息可能使得一些学生无法表达自己的想法。其次，面对面的教育方式受到时间、地点和场合的限制。课堂宣讲、个别谈心等方式并不是随时随地都可以进行的。选择适当的时间、地点和场合对于教育效果至关重要，但这往往需要教育者付出大量的努力。最后，教育者精心准备的教育内容一次只能对有限的人产生影响。在许多情况下，这些教育内容的影响效果相对较短暂，容易出现所谓的"剧场效应"，即听众在现场受到周围氛围的影响，教育效果较好。然而，一旦听众离开了特定的环境氛围，教育的感染力就会迅速减弱。如果想要持续保持教育效果，就必须多次重复进行教育，这增加了组织成本和工作量。

学校、院系在思想政治工作进网络的同时，还必须建立"堵"与"导"相结合，以导为主的"双层防火墙"，牢牢把握制网权。首先是"堵"，即堵住不良信息。建立和完善有关规章制度，加强对局域网、校园网的管理，安排高素质德育工作者监控网上信息，对不良信息、有害信息进行有效地监控和屏蔽，使网络德育具有可操作的运行载体。比如在校园突发事件时，运用网络进行正面引导的同时，也可以严密监视网络BBS，发现不利于稳定和大局的过激言辞立即删除，与此同时，积极组织理智网民上传大量有利于稳定的正面消息，迅速形成网上主流声音，必要时也可对BBS予以屏蔽。对张贴、转贴和传播任何反动、诽谤、诋毁、淫秽、辱骂等性质的信息，以及泄露国家机密等各种违规活动，要追究其责任，视其情节轻重，作出相应处理，加强对免费个人主页及其链接的审查，阻止各类不良信息进入校园网，构筑抵御不良冲击的第一道"防火墙"。

同时做好"导"，即充分利用网络优势，加强网上正面引导。大学生用户将是未来网络用户中最主要的一支力量，我们应当全面提高大学生网络素质和网络思想政治工作队伍的信息素养，提高网络思想政治教育水平，增强学生网上的法制、责任和安全意识，树立良好的网络道德；高校的德育工作者也要加大步伐与信息化接轨，学习新技能，提高自身处理信息，分辨信息，选择信息，综合利用信息的能力，从而全面提高学生的网络素质，构筑第二道防火墙。

为了使网络思想政治教育各要素协调共振，形成合力，在进行工作时需要进行整体设计和系统规划，其中搭建工作平台是基础。在开展网络思想政治教育时，需要将各种优秀的教育资源集中到网络中。重视发挥全国高校校园网站联盟的作用，将网络思想政治教育、网络文化、网络信息和网络技术研发资源集合起来，建立全国高校校园网络平台，共同传播网络正能量，协作应对网络负面舆论。努力使网站联盟成为高校校园网络信息资源的集散库、思想文化的策源地和宣传舆论的风向标。

三、推行"课堂＋网络平台"的教学模式

网络平台包括慕课、微课等诸多形式。慕课是广泛开放的网上课堂，通过分享、合作的精神，通过网络的形式进行信息交流，增强了知识的传播。慕课不受时空的限制，可以通过网络进行沟通和共享。要组织相关专家学者，

打造一批网络"慕课"的经典课程。微课的最大特色是"小而精",即在课堂上突出某个学科的重点知识,或将某个教学环节体现在课堂上,以简化教学内容,在传达信息的时候更加多样化,及时的反馈也更加有针对性。在微课制作上,要选取有目标、有热点的主题。"翻转课堂"也是一种新的教学方式,在信息技术条件下,让学生在课堂之前观看和学习教学视频,并将其与课程内容进行关联,课上师生共同进行问答、互动、合作探究等的教学模式。在进行翻转课堂时,教师要清楚地了解教学目标,并确定教学视频所要表达的内容;要对学生的创意进行深入思考,并让他们也参与到创作中来。

在全媒体时代,高校思政教学工作面临着许多挑战和变革,传统的教学模式和方法已经无法满足学生的需求,而新媒体的兴起给思政教育带来了全新的机遇。新媒体平台如微博、微信公众号、短视频平台等,为高校思政教育提供了更多元化的传播渠道和教学手段。然而,新媒体的快速发展也带来了信息过载、碎片化和真假信息难辨等问题,给思政教育带来了一定的困境。为了应对这些困境,高校思政教学工作需要创新思路,充分利用新媒体平台的优势,提高教学的质量和效果。

首先,"慕课"是一种网络学习方式,它的重要性被高等教育机构所认可,并且在学校里积极地推广,鼓励老师们通过"慕课"来进行教学;其次,这类微课的最大特色是"小而精",即在课堂上突出某个学科的重点知识,或将某个教学环节体现在课堂上,以简化教学内容。资源容量相对较少,"情景化"的资源构成核心思路更加清晰明确,内容不抽象笼统,研究平民化,创作能让人愉快,结果省略细节而抓住要点,在传达信息的时候更加多样化,及时的反馈也更加有针对性。另外,在微课制作上,要积极组织师资力量,以提升教学质量与教学水平。

四、加强利用网络媒体和移动终端

"全媒体"学生的思想政治工作应与手机、iPad、电脑等手机通信设备相融合。通过手机，平板电脑等设备，可上网学习，与此同时，要利用社交软件和自媒体平台等互联网媒体，建立与之相适应的意识形态工作平台，加强对马克思主义理论的传播。比如抖音、微视等短视频，思政课老师可以录些有趣的短视频，用说唱改编、歌曲编排等方式将不易理解的内容点化为容易理解的视频。众所周知，抖音的特点是短小醒目，具有开放分享性，且会根据用户的喜好进行个性化推荐。因此，可以通过视频的转发、点赞、评论、转发等方式，借助抖音的流量，进一步拓展高校的思想政治工作。另外，还可以加入动画效果等有趣的表达方式，让观众更愿意去聆听欣赏。通过这种方法使学生的思想政治工作更能顺应时代潮流，更富有生机，使学生对其发自内心地喜爱，使其成为全媒体下学生的思想政治工作模式的一种创新。

在思想政治教育中，高校也可以加强学生的网络素养教育，培养学生正确使用网络媒体和移动终端的能力，提高信息获取、辨别和利用的能力，防范网络风险和信息泄露的意识。通过充分利用网络媒体和移动终端，高校思想政治教育可以突破时间和空间的限制，提供更多元化、灵活化的教育形式和资源，促进学生的全面发展和思想成长。同时也要注重教育内容的科学性和教学质量的监控，确保网络教育的有效性和可靠性。

另外，要尽量不接触网络游戏和对自己无帮助的信息。对于网络媒体来说，人类能否更好地运用它，还是取决于自己对于网络信息中的鉴别，很多朋友们早期就利用电脑开始打游戏，甚至是玩得十分入迷，所以对于家长来说，要关注孩子的各种思想行为，严厉禁止孩子在上学期间迷恋网络游戏，对于孩子要有一个时间的控制，这样养成一个好的学习新媒体的习惯。

利用网络媒体赚钱，会比自己娱乐更有益于生活。很多朋友们其实都缺少发现美的眼睛，甚至觉得用网络只有看电视，或者是玩游戏，却忽视了利用网络媒体可以赚钱，通过网络媒体写文章，或者是写一些自己的心得和体会，不仅仅让自己的心情可以平复起来，而且也没有浪费时间。

利用网络媒体可以加深自己和朋友、家人之间的沟通。通过网络媒体可以更加方便地和朋友交流，加强自己、恋人和一些好朋友的联系，随时随地了解他人的心理特征，而且也相当于将网络深入了外界，加强与外界的联系。

利用电视媒体可以在业余时间娱乐自己，放松自己。在外地租房的年轻人，如果能够有一台自己的电视，可以通过电视观看自己喜欢的节目，在周末闲暇时间看看电视娱乐节目，自己也会十分开心，所以利用好电视媒体也能让自己受益匪浅。

利用网络媒体可以寻找适合自己的恋人。由于很多朋友们忙于工作，工作中大部分都是同性朋友，所以很少能够找到适合自己的恋人。通过网络交友需要谨慎，但是只要通过正确的网络渠道，也有朋友收获到了属于自己的幸福，所以网络媒体既是有利又有弊。

利用网络媒体可以找到属于自己的工作。随着很多大学生就业压力的不断增大，一些应届毕业生会选择通过网站来谋求合适的职位，也可以通过职业测评来选择适合自己的就业方向，为大学生提供了更好的平台。

利用电视媒体收看每日播报新闻，可以收听到最新的求职信息，对自己有更大的益处。不过观看电视媒体要有一个时间的限制，在收听新闻益处的情况下还有一个弊端，就是看电视会造成视觉疲劳，一直坐在电脑前学习会对身体造成辐射。所以不管是用哪种媒体学习也好，还是娱乐也好，都要有更强的自制力，这样才更有益于身心健康。

第四节　全媒体时代高校思想政治教育的有效路径

一、健全思想政治教育的全媒体平台

（一）构建面向多重互动的教学实践平台

全媒体资源为高校思想政治教育的教学方法改进提供了许多思路。全媒体传播工具包含了视觉、听觉、触觉等人们接受信息的感官方式，这些特点可以与教学方法相结合，打破传统的单向教学模式。在思想政治教育的教学过程中，可以利用全媒体的特点，通过插播相关视频、音频等媒体素材，针对某个知识点或问题布置任务，鼓励学生利用全媒体资源进行检索和思考，并在课堂上进行分类讨论和指导。此外，全媒体还可以通过微信公众号、微博、贴吧、网站、App等平台整理和保存教学过程，为学生提供方便的学习途径。

另外，还可以利用电子布告栏来张贴时政新闻，让同学们在学校里就能感受到无形中的熏陶和讨论；同时，还可以弘扬社会主义核心价值观、弘扬红色文化，形成良好的校园文化。同时，学生的思想政治教育学习软件可以与多种学习平台进行沟通与融合，互相借鉴，既能使各个学习平台更好地发展，又能使双方的关系更加紧密，实现了多方位的沟通与互动。

（二）开创畅通诉求的舆论平台

在全媒体时代，依托网络技术，我们可以搭建一个舆论聚集的平台，让大家畅所欲言。每个人都可以向别人提出自己的问题，别人也可以发表自己的看法，帮助他们解决问题。一方面可以满足一部分同学的要求，另一方面要对各种意见进行甄别，选出正面的观点，然后由专业人士进行舆论甄别，把消极的言论排除在外。同时，也可以利用这种方式，让同学们大胆地提出自己的要求和观点，把所有困难的问题都收集起来，由老师解答，也为老师提供了一个咨询的机会。

我们要对系统的后台进行调整，要根据不同的类别、级别或性质，对学生提出的问题进行分类。老师对这些问题进行细致地分析和归纳，然后再将热点问题引入课堂，让学员轻松地进行思想政治教学。在教师的指导下，学生的道德意识不断提高，与老师的交往和互动越来越多，学习的内容也越来越丰富。这样一个开放的平台可以让教师和学生的沟通变得顺畅，陈述和诉求变得更为透明、更具现实意义，从而可以有效地促进学生的思想政治工作。

（三）搭建网上交流的信息分享平台

当前，在网络环境下，传统的录像、"点播"等形式已经不适应网络环境下的"网络讨论"，老师和同学应采用"云录像"的形式进行。老师和学生可以通过一对一、一对多面对面的形式进行在线交流，同时也可以在现场提问，并和其他学员一起参加。老师可以回答同学们提出的问题，同学们也可以一起来进行讨论和回答。老师和同学们能在日常生活中交流他们的所见所闻，为这个充满活力的课堂增添一份乐趣。

同时，老师和同学可以在课堂上进行录音，将问题进行归类，便于加深思考，更有利于头脑风暴，把知识从课堂里带到社会的实际生活中去。当同学们正在听课、浏览资料、看电影、参与社团活动、参加社会实践活动时，能够将热门的主题贴在论坛上。这将被广为宣传，并能及时共享交流信息，建立一个实时共享的校园交流平台。教师对学生的思维动力掌握得更好，对学生进行积极的指导，加强对学生的思想政治工作。

（四）培养教育者的全媒体意识与思维

要主动地让老师具有"全媒体"的思维能力，但目前，校园的思想政治教育工作者的互联网意识还没有完全苏醒，还处于观望和游离的阶段，对"全媒体"的理解还没有足够深刻；要大力倡导"全媒体"思维，要通过建立激励和促进教师的教育改革，充分运用互联网等手段开展教育引导。在实际操作中，应主动地探讨利用网上教学的方法。教育工作者要顺应时代潮流，在不知不觉中能够主动地用"全媒体"的思想来提高教育和教学方法。

要使教育工作者从心底里真正地接受"全媒体"，认识到"全媒体"对教育的好处。只有有了"全媒体"的思想，教育工作者们才能更好地掌握和应用"全媒体"技术。实践是认知活动的最终目标，只有在"全媒体"的自觉作用下，"全媒体"的实施才会更加有效。

（五）培养教育工作者的全媒体素养

全媒体资源无疑为高校思想政治教育教学方法改进提供了很多思路。各类全媒体传播工具，涵盖了视觉、听觉、触觉等接受信息的感官，思想政治教育教学过程中可以利用全媒体的特点，与教学方法相结合，打破从头到尾"一言堂"的局面，在讲授过程中插播一些与课程相关的视频、音频，就某个知识点或问题进行任务布置，让大家自主利用全媒体进行检索与思考，在课堂上进行分类讨论与指点迷津等。对教学过程的整理与保存，全媒体的微信公众号、微博、贴吧、网站、App 等更是非常好的途径。

此外，学校思想政治工作者还必须持续地加强对互联网的认识，以适应社会发展的要求，提高自身的媒体素质。与此同时，教育工作者应全面应用互联网，充分利用互联网的全面传播作用，适时地使用"全媒体"技术，对热门、高点击率、各类直播平台和站点进行分类。通过对所学知识进行评判，从中选出有益于学生的思想政治教育的内容，再作为教材传递到学生手中。为此，必须具备较高的媒体素质。

（六）提高教师对"全媒体"技术的理解和运用

在学校思想政治教育中，应积极探索将网络教育与课程整合的方法，正确运用各种社交软件、公共平台和社交媒体；比如在论坛上进行网上直播。学校要经常开展网上信息技术的培训，要有完善的奖励制度和工作环境，以增强教师的网络应用能力，实现全媒体的教学资源的采集；同时，也要向在网上进行思想政治教育的教师授予荣誉。教师要充分发挥"全媒体"的作用，充分运用其即时性、互动性和融合性，创造新的教学手段和方法。

另外，在教学语言方面，要做到艺术处理，要有自己的特色。在课堂直播中应用此类语言艺术，能使枯燥的理论更加鲜活，达到与学生精神交流、思想碰撞的效果。同时，通过这种网上教学，可以增强师生之间的交流，了解学生的真实需要，使学生更加关注思政学习，教师能够顺应时代发展趋势，提高科技应用"全媒体"。

二、创新全媒体思想政治教育教学模式

（一）推行"课堂 + 网络平台"的教学模式

对"慕课""微课""翻课"等三种教学模式的构建进行了研究。首先，慕课是一个广泛的开放的网上课堂，通过分享、合作的精神，通过网络的形式

进行信息交流，增强了知识传播的广度。慕课不受时空的限制，可以通过网络进行沟通和共享。同时，要组织相关专家学者，打造一批网络"慕课"的经典课程。同时，"慕课"课程的建设也需要教师的资源优势，这样才能形成一批优秀的教学模式。最后，要建立一套合理的激励机制，把这种模式引入教师中，让他们自己去发掘和探索，并建立相应的奖励机制，嘉奖那些积极参与到慕课教学中来的老师。

在制作微型课程时，要选取有目标、有热点的主题，所以要在学校里大力推行。"最后翻页"是一种新的教学方式，它是一种在信息技术条件下，通过教学录像，让学生在课堂之前观看和学习，并将其与课程内容进行关联，师生共同进行问答、互动、合作探究等一种教学模式。在进行翻转课堂时，教师要清楚地了解教学目标，并确定录像所要表达的内容；在采集和制作录像时，要考虑到不同的教师和班级，因为每个老师的教学风格和班级都有很大的差别，所以要针对这些差异来制作录像；最后，要对学生的创意进行深入思考，并让他们也参与到创作中来，这样才能让每个学生养成良好的学习习惯。在教学中，教师与学生之间的交流更为频繁、高效。

（二）深度整合和创新线上平台与实践活动

在全媒体时代，人们在充分运用网络平台的情况下，必须走出网络，开展实践活动，以检验理论内容，检验事物的真实性。加强学生的思想政治教育，要从实际出发。在军事博物馆内，某学校马克思主义学院开展了一系列的思想政治教育活动。以社会时政为主题开展的社会实践活动，通过亲身体验式的军事教育，进一步增强了学生的理想信念。也有一些学校成立了生态文明调查组，吸引了不少同学前来报名，每年都会举办几次湿地保护、自然物种多样性研究、现代化技术植树造林等社会实践活动，使公众的生态保护意识得到提高。

同时，同学们也将自己的学习体会，通过网络平台、微信、微博等方式进行了分享，得到了很多同学的点赞和留言，通过线上平台和实践活动的结合，有效地提高了学生的思想政治教育水平，树立了正确的价值观。同时也可以进行微博上的绿色植物认养，分享宿舍时光，在线劝导；"抖音"也在倡导"光盘行动"。这样一种"环保、节俭"的生活方式，能够在不知不觉中培养学生，让校园的思想政治教育充满良好的氛围。

只有把所学的理论应用到实际中去，才能在网上平台进行教学方法的创新。教师要在课堂上寻找热点问题，从学生的生活中切入，对其进行深入地论述，并在课堂上开展实践。培养学生的独立思维和自主性。

（三）加强利用网络媒体和移动终端

在全媒体时代，信息传播不再受时间和空间的限制。例如，转录视频可以随时随地进行学习，远程技术使得异地学习成为可能，可以进行实时同步学习。这些媒介为解决高校思想政治教育中优质资源稀缺的问题提供了便捷的获取方式，并不断推动思想政治教育教学资源的共享。复旦大学的陈果老师就是一个很好的例子，即使不是复旦大学的学生，任何人都可以通过网络上的资源随时随地学习她的《思想道德修养与法律基础》课程。对其他高校的思政教师来说，他们可以借鉴陈果老师的讲课方式、知识体系构建，甚至言谈举止，进行学习和思考。

媒介是一种有形的物质实体，是一种传播工具，它对人类的发展有着深远的意义。全媒体是当今社会最大的客观条件，学校思政工作要与整个传媒有机地结合起来，只有在这条道路上不断地创新，以适应全媒介的发展，走向现代化、科学化。改革是学校思政工作的一个重要课题。全媒介是思想政治工作不断发展的动力，它的价值在于它具有与时俱进的本质属性，它依赖于对现实的认识和对时代的反应。从内容、方法、载体等方面进行了论述，从体制上进行改革是企业摆脱目前的窘境的必要途径。

（四）开展深入细致的思想政治教育和心理健康教育

高校思想政治教育工作要坚持立德树人的根本任务，更好地引导大学生学好用好马克思主义，不断提高独立思考和甄别是非的能力，深入学习和自觉践行社会主义核心价值观，树立正确的世界观、人生观、价值观，沿着正确的成长方向健全独立人格。在新的历史条件下，思想政治工作只能加强，不能削弱；只能改进创新，不能裹足不前。作为宣传思想工作部门，要在继承过去好经验的基础上，努力探索新途径、新形式、新办法，提高思想政治教育工作水平。

设立政治课和马克思列宁主义理论课程。举办一些研讨会和讲演会。对学生的思想政治工作进行模拟训练。让其谈自己的感受和想法，参加各类纪念馆活动，比如说抗日纪念馆，中国革命近代史等。

把解决思想问题同解决实际问题紧密结合，增强思想政治教育工作的针对性和实效性。在社会主义市场经济条件下，宣传思想工作部门要善于从利益动因上分析群众的思想变化，要从群众最关心、最迫切需要解决的实际问题入手，把解决思想认识问题寓于解决实际问题之中，多做"雪中送炭"的事情。如依托社区，开展各种健康、文明、向上的文化活动，创造良好的强身健体的环境。

大学生品德培养的途径是积极参与和学习各种社会活动。在大学教育中，品德教育是一个非常重要的方面，它是培养学生道德品质和社会责任感的基础。大学生应该树立高尚的道德标准，让自己知道哪些行为是对的，哪些行为是错误的。通过阅读、聆听讲座等途径，了解先进的道德故事、优秀的道德榜样，形成一套自己的道德体系。

为了更好地培养大学生的品德，应该教育他们如何培养自我意识。大学生应该意识到自己的价值和自己的责任，逐渐形成主动学习、积极进取的习惯。大学生应该向社会学习，了解社会公德和社会道德。这些包括尊重他人、守信用、公正合理、奉献社会等方面，通过社会实践等方式了解这些社会道德。志愿服务是培养大学生品德的重要活动。大学生可以参与各种志愿服务计划，包括为贫困学生义务辅导、为老人献爱心等。这些活动让大学生认识到自己的责任感和社会价值，同时增强他们的感恩心和奉献精神。

良好的生活习惯可以帮助大学生塑造健康的身心和积极的态度。大学生应该培养积极的运动、良好的饮食、规律的作息等健康习惯，这些习惯将有利于形成良好的道德品质和增强责任感。大学生群体活动往往涵盖社交、文化、体育、科技等各个领域。通过参与这些群体活动，大学生可以锻炼自己的组织能力、沟通能力、协同能力等。同时，这些活动也可以让大学生在集体中体验到合作、分享、互助等情感，有效地培养团队意识和集体荣誉感。

大学生品德培养的一些途径和方法，应该在大学期间努力落实和实践。希望大学生能够通过这些途径和方法，逐步提高自己的道德品质和社会责任感，实现全面发展和成长。这是培养品德的关键。大学生应该明确自己的人生目标和价值观，知道什么是对的和错的，并时刻践行和体现这些价值观。道德教育是培养孩子的品德的重要手段之一。在日常生活中，可以适当引导孩子理解一些重要的道德概念和价值观念，如诚实、和善、热心、正义等，让孩子养成好习惯和健康的道德观念。

大学生道德品质的培养要依托艺术教育实践。艺术教育重在以由表及里的方法开展由感性到理性的教育。无论从教育过程还是从教育效能实现而言，利用一定的审美媒介唤起大学生的审美情感，达到塑造、净化心灵的作用，从而培养良好人格品质和道德情操，并且以情感活动引发审美联想、想象及创意、创造、创新等高级思维品质的提升。[①]

大学生品德教育的重要性不可忽视。通过全面、多样、系统的品德教育，可以帮助学生树立远大理想和崇高信仰，提升学生道德自觉性和道德水平，培育出受人尊重、自尊自爱、有担当、有责任的大学生，为未来社会的建设作出积极的贡献。

[①] 魏可媛. 新时代高校艺术教育研究 [M]. 北京：新华出版社，2023：5.

第六章　全媒体时代高校思想政治教育的内容创新

在学习贯彻习近平新时代中国特色社会主义思想主题教育工作会议上，习近平总书记指出："开展这次主题教育，根本任务是坚持学思用贯通、知信行统一，把习近平新时代中国特色社会主义思想转化为坚定理想、锤炼党性和指导实践、推动工作的强大力量，使全党始终保持统一的思想、坚定的意志、协调的行动、强大的战斗力，努力在以学铸魂、以学增智、以学正风、以学促干方面取得实实在在的成效。"① 这一重要论述，为高校扎实开展好主题教育指明了前进方向和实践路径。把握主题教育的根本任务，关键要在以学铸魂、以学增智、以学正风、以学促干方面取得实实在在的成效。

第一节　习近平新时代中国特色社会主义思想教育

要在以学铸魂方面取得成效。这里的"魂"，主要是指共产党人的理想信念和党性修养。以学铸魂，就是要不断加强对习近平新时代中国特色社会主义思想的全面学习和系统认知，在改造主观世界中坚定理想信念、锤炼党性

---

① 在学习贯彻习近平新时代中国特色社会主义思想主题教育工作会议上的讲话 [N]. 人民日报，2023–05–01 (01).

修养。一要坚定理想信念。理想信念是人的精神世界的核心。坚定科学的理想信念，既是指引人们穿越迷雾、辨识航向的灯塔，也是激励人们乘风破浪、搏击沧海的风帆。习近平总书记指出："一个国家，一个民族，要同心同德迈向前进，必须有共同的理想信念作支撑。"① 高校的根本任务是立德树人，开展主题教育，就要教育引导高校党员、干部从思想上正本清源、固本培元，坚定对马克思主义的信仰、对中国特色社会主义的信念、对实现中华民族伟大复兴中国梦的信心。二要始终对党忠诚。中国共产党的领导是中国特色社会主义最本质的特征。中国共产党是中国工人阶级的先锋队，同时也是中国人民和中华民族的先锋队，是中国特色社会主义事业的领导核心。开展主题教育，就要教育引导高校党员、干部不断提高政治判断力、政治领悟力、政治执行力，增强"四个意识"、坚定"四个自信"、做到"两个维护"，始终以党的旗帜为旗帜、以党的意志为意志、以党的使命为使命。三要强化党性修养。党性是党员干部干事创业的基石，开展主题教育，就要教育引导高校党员、干部自觉用习近平新时代中国特色社会主义思想改造主观世界，深刻领会这一思想关于坚定理想信念、提升思想境界、加强党性修养锻炼等一系列要求，筑牢信仰之基、补足精神之钙、把稳思想之舵，不断提高思想觉悟、精神境界、道德修养，始终保持共产党人的政治本色。

要在以学增智方面取得成效。这里的"智"，主要是指共产党人的理论素养与能力本领。以学增智，就是要从习近平新时代中国特色社会主义思想中汲取智慧和力量，把握好这一思想的世界观和方法论，坚持好、运用好贯穿其中的立场观点方法，用党的创新理论武装全党，提升共产党人的理论素养与能力本领。一要强化理论武装。党的创新理论每前进一步，理论武装就要跟进一步。习近平新时代中国特色社会主义思想是当代中国马克思主义、二十一世纪马克思主义，是中华文化和中国精神的时代精华。开展主题教育，就要坚持读原著、学原文、悟原理，全面学习贯彻习近平新时代中国特色社

---

① 习近平. 人民有信仰民族有希望国家有力量 [N]. 人民日报，2015-03-01 (01).

会主义思想主题教育，不断增进对党的创新理论的政治认同、思想认同、理论认同和情感认同，真正把马克思主义看家本领学到手，自觉用党的创新理论武装头脑、推动工作。二要做到学深悟透。党的二十大报告提出了继续推进理论创新的科学方法，即必须坚持人民至上、必须坚持自信自立、必须坚持守正创新、必须坚持问题导向、必须坚持系统观念、必须坚持胸怀天下。这"六个必须坚持"是对习近平新时代中国特色社会主义思想世界观和方法论的高度凝练，也是这一思想的立场观点方法的重要体现。开展主题教育，就是要深刻把握好"六个必须坚持"的基本内涵与理论逻辑，熟练掌握其中蕴含的领导方法、思想方法、工作方法，不断提高履职尽责的能力与水平。三要强化统筹兼顾。要坚持系统观念，强化系统思维，切实把理论学习、调查研究、推动发展、检视整改贯通起来，把开展主题教育同贯彻党的二十大精神结合起来、同抓好高校中心工作结合起来、同解决师生急难愁盼问题结合起来，做到两手抓、两促进，有机融合、一体推进。

要在以学正风方面取得成效。这里的"风"，主要是指共产党人的学风、作风和新风。以学正风，就是要推动学习贯彻习近平新时代中国特色社会主义思想走深走实，在学思践悟中教育引导广大党员、干部始终做到学风优良、作风过硬，并且做到廉洁奉公树立新风，当好良好政治生态和社会风气的引领者、营造者、维护者。一要培育优良学风。学风问题是关系党的事业兴衰成败的一个重大政治问题。习近平总书记强调，"我们的干部要上进，我们的党要上进，我们的国家要上进，我们的民族要上进，就必须大兴学习之风"，大力倡导"没有调查，就没有发言权，更没有决策权"。[①] 开展主题教育，就要大力发扬理论联系实际的马克思主义学风，强化理论学习指导发展实践，以深化调查研究推动解决发展难题，把理论学习、调查研究、推动发展、检视整改贯通起来，有机融合、一体推进。二要改进工作作风。习近平总书记强调，大力弘扬真抓实干作风，推进工作要实打实、硬碰硬，解决问

---

① 习近平. 在全党大兴学习之风 依靠学习和实践走向未来 [N]. 人民日报，2013-03-02 (01).

题要雷厉风行、见底见效，面对难题要敢抓敢管、敢于担责。开展主题教育，就要教育引导广大党员、干部牢固树立以人民为中心的发展思想，树立正确的权力观、政绩观、事业观，坚持一切为了人民、一切依靠人民，自觉问计于民、问需于民，扑下身子、沉到一线，把脉问诊、解剖麻雀，进行问题梳理、难题排查，运用党的创新理论研究新情况、解决新问题。三要廉洁奉公树立新风。为政清廉才能取信于民，秉公用权才能赢得人心。开展主题教育，就要教育引导高校党员、干部保持解决百年大党独有难题的思想清醒和政治坚定，增强廉政为民的责任意识与使命担当，切实增强纪律意识、规矩意识，持续纠治"四风"，在推进党的自我净化、自我完善、自我革新、自我提高过程中营造风清气正的良好政治生态与政治环境，永葆中国共产党的先进性与纯洁性。

要在以学促干方面取得成效。这里的"干"，主要是指共产党人的履职尽责与担当作为。以学促干，就是要锚定实干担当促进发展、践行宗旨为民造福的目标任务，紧紧围绕全面建成社会主义现代化强国、实现第二个百年奋斗目标，以中国式现代化全面推进中华民族伟大复兴的中心任务，教育引导党员、干部胸怀"国之大者"，坚持人民至上，坚持问题导向，真抓实干、务求实效，以新气象新作为推动高校高质量发展取得新成效。一要坚持问题导向。党的二十大报告指出："问题是时代的声音，回答并指导解决问题是理论的根本任务。"开展主题教育，就是要坚持问题导向，增强问题意识，敢于正视问题，善于发现问题，按照党中央关于在全党大兴调查研究的工作方案，改进调研方式，注重调研成果转化运用，真正把情况摸清、把问题找准、把对策提实，把问题整改贯穿主题教育始终，让人民群众切实感受到解决问题的实际成效。二要防范化解风险。党的二十大报告指出："我国发展进入战略机遇和风险挑战并存、不确定难预料因素增多的时期，各种'黑天鹅''灰犀牛'事件随时可能发生。"开展主题教育，就要教育引导广大党员、干部学懂弄通做实习近平新时代中国特色社会主义思想，用心领会马克思主义立场观点方法，以更宽广的视野、更长远的眼光来思考把握未来发展面临的一系列重大问题，不断提高运用马克思主义分析问题和解决问题的能力，不断提高运用科学理论应对风险挑战的能力，发扬斗争精神，增强斗争本领，在斗争中攻坚克难，在防范化解风险中赢得历史主动。三要推动高校高质量发展。大道至简，实干为要。习近平总书记指出："我们党百年奋斗的伟大成就都是党团结带领全国各族人民拼出来、干出来的，要把党的二十大描绘的宏伟蓝图变成现实，仍然要靠拼、要靠干。"① 开展主题教育，就要教育引导高校党员、干部学思想、见行动，树立正确的权力观、政绩观、事业观，增强责任感和使命感，完整、准确、全面贯彻新发展理念，以时时放心不下的责任感、积极担当作为的精气神，为党和人民履好职、尽好责，以新气象新作为推动高校高质量发展取得新成效。

一、习近平新时代中国特色社会主义思想的主要内容和精神实质

思政课教师在学习宣传讲授习近平新时代中国特色社会主义思想时，必须深刻领会其中的道理学理哲理。只有搞清楚这些"理"，才能更好领会习近平新时代中国特色社会主义思想的科学内涵和精神实质。

明学理，学深悟透精髓要义。中国特色社会主义进入新时代以来，习近平新时代中国特色社会主义思想在不断丰富发展。作为思政课教师，在教学中不仅要宣传新思想，更要阐释清楚其中蕴含的学理，做到知其然更知其所以然，知其言更知其义。习近平总书记指出："强调思政课的政治引导功能，并不是要把课讲成简单的政治宣传，而要以透彻的学理分析回应学生，以彻底的思想理论说服学生，用真理的强大力量引导学生。"② 从学术体系来看，习近平新时代中国特色社会主义思想贯通马克思主义哲学、政治经济学、科学社会主义，贯通历史、现实和未来，贯通改革发展稳定、内政外交国防、

---

① 在学习贯彻习近平新时代中国特色社会主义思想主题教育工作会议上的讲话 [N]. 人民日报，2023－05－01（01）.

② 习近平. 思政课是落实立德树人根本任务的关键课程 [N]. 求是，2020－08－31（01）.

治党治国治军等各领域，体现了实事求是、与时俱进的理论创新品质，展现出强大的真理力量和实践力量，处处彰显着马克思主义的学理根基。只有明学理，才能学深悟透这一思想的精髓要义。比如，中国式现代化理论是党的重大理论创新，是科学社会主义的最新重大成果，为发展马克思主义现代化思想作出了原创性贡献，具有深厚扎实的学理根基，是全面建设社会主义现代化国家的理论支撑，内涵极其丰富，思政课教师要从多学科多角度加以解读。

悟道理，坚决捍卫"两个确立"。习近平总书记在中国人民大学考察时曾强调，思政课的本质是讲道理，要注重方式方法，把道理讲深、讲透、讲活，老师要用心教，学生要用心悟，达到沟通心灵、启智润心、激扬斗志的目的。讲道理就是要讲好新时代治国理政的大道理硬道理。新时代的伟大变革，在党史、新中国史、改革开放史、社会主义发展史、中华民族发展史上具有里程碑意义，书写了经济快速发展和社会长期稳定两大奇迹，我国发展具备了更为完善的制度保证、更为坚实的物质基础、更为主动的精神力量，中华民族伟大复兴进入了不可逆转的历史进程。伟大变革和伟大成就，归根结底在于有习近平总书记掌舵领航、把关定向，有习近平新时代中国特色社会主义思想科学指引。在以习近平同志为核心的党中央坚强领导下，我们禁受住了来自政治、经济、意识形态、自然界等方面的风险挑战考验，党和国家事业取得历史性成就、发生历史性变革，推动我国迈上全面建设社会主义现代化国家新征程。讲清楚这些大道理才能深刻体会"两个确立"对实现中华民族伟大复兴具有的决定性意义。在推进中国式现代化的新征程上，我们要坚决捍卫"两个确立"这个新时代最大政治成果、最重要历史经验、最客观实践结论，更加坚定做到"两个维护"，始终朝着习近平总书记擘画的宏伟蓝图坚定前行，为全面建设社会主义现代化国家、全面推进中华民族伟大复兴而团结奋斗。

思哲理，坚定自信勇于担当。中国共产党为什么能，中国特色社会主义为什么好，归根到底是马克思主义行，是中国化时代化的马克思主义行。我们要深刻领悟马克思主义中国化时代化的创新之道、哲学之理，牢牢把握习近平新时代中国特色社会主义思想的世界观和方法论，坚持好、运用好贯穿其中的立场观点方法。"六个必须坚持"是以辩证唯物论和历史唯物论为哲学基础的，闪耀着马克思主义的哲理光辉。思政课教师要将领悟到的世界观和方法论运用到教学当中，帮助学生领悟这一思想蕴含的丰富哲理，进一步坚定"四个自信"。作为落实立德树人根本任务的关键课程，"理"始终是贯穿思政课的一条主线，内蕴着治国理政的道理、马克思主义的学理以及丰富深刻的哲理。寓道理于学理、哲理，以学理为支撑，以哲理为引导，把道理、学理、哲理三者紧密结合，才能更好引导学生懂道理、明学理、通哲理。思政课教师要纵观历史与现实、贯通理论与实践、联系国内与国际，讲深学理，讲清道理，讲透哲理，教育引导学生坚定"四个自信"，在新征程中勇当开路先锋、争当事业闯将。

（一）坚持和发展中国特色社会主义

习近平新时代中国特色社会主义思想强调了坚持和发展中国特色社会主义，这是对马克思主义中国化最新成果的科学总结，也是党和人民历史经验的深化理解。坚持和发展中国特色社会主义，是实现社会主义现代化，创造人民美好生活，实现中华民族伟大复兴，以及为人类作出新的更大贡献的基本方略。这里的"坚持"强调的是理论自信和道路自信，要坚定不移走中国特色社会主义道路，坚决维护中国特色社会主义制度。而"发展"强调的是中国特色社会主义是不断发展的，要求我们在实践中不断丰富和发展中国特色社会主义。

（二）全面深化改革

习近平新时代中国特色社会主义思想强调，改革开放是决定当代中国命运的关键举措，也是决定实现中华民族伟大复兴的重要战略。全面深化改革，是推动中国社会持续发展的重要动力，也是实现中国特色社会主义理想的关键途径。

全面深化改革要坚持和完善中国特色社会主义制度，推动国家治理体系和治理能力现代化。在推进全面深化改革的过程中，必须坚定不移地把人民群众的利益摆在首位，始终让改革发展成果更多更公平惠及全体人民。坚持问题导向，坚定不移消除所有妨碍社会生产力发展的体制机制弊端。既要突出重点，又要整体推进；既要逐步推进，又要突破关键环节，坚决破除一切利益固化的樊篱和束缚发展的思想观念。坚持中国共产党的领导，因为中国共产党的领导是全面深化改革的最根本的保证。增强"四个意识"、坚定"四个自信"、做到"两个维护"。坚持和发展中国特色社会主义，推动社会主义现代化，推动社会主义制度自我完善和发展。

（三）推进社会主义现代化

推进社会主义现代化在习近平新时代中国特色社会主义思想中占据了重要地位。它强调我们必须坚定不移地发展先进的生产力、优化经济结构、完善国家治理体系，以及提升人民生活品质，增强全民族的文化自信和凝聚力。同时，也强调人与自然的和谐共生，以构建美丽中国。这一过程的核心目标是实现高质量的经济发展和人民的全面发展，为实现中华民族伟大复兴的中国梦铺平道路。

（四）中国特色大国外交

中国特色大国外交是习近平新时代中国特色社会主义思想的重要组成部分，它强调坚持和平发展道路，尊重各国人民自主选择发展道路的权利，致力于建立公正、合理的国际政治和经济新秩序。中国特色大国外交还着眼于推动构建人类命运共同体，积极参与全球治理，以实现共同发展、共同安全和共同繁荣。

（五）"五位一体"总体布局

"五位一体"总体布局是习近平新时代中国特色社会主义思想的核心理念之一，它强调了经济建设、政治建设、文化建设、社会建设、生态文明建设的统一发展。这一理念指出，中国的发展不能偏重某一方面而忽视其他方面，而是要在全面建设社会主义现代化国家的过程中，统筹推进各项建设，以实现全面发展和持久稳定。

（六）"四个全面"战略布局

"四个全面"战略布局是习近平新时代中国特色社会主义思想的重要组成部分，这一战略布局强调：全面建设社会主义现代化国家，全面深化改革，全面依法治国，全面从严治党。这四个全面是相互关联、相互支持的，共同构成了中国特色社会主义事业总体布局的战略安排，为中国特色社会主义现代化建设提供了指导。

二、全媒体时代习近平新时代中国特色社会主义思想融入教育实践的具体方式

（一）运用新媒体技术来推广和传播思想

1. 制作和分享包含思想主题的短视频或动画

利用短视频或动画形式可以通过视觉和听觉的双重刺激，简明扼要地介绍复杂的概念，增强记忆效果。例如，可以制作一部动画短片，生动形象地解释习近平新时代中国特色社会主义思想的关键观点，或者通过漫画、图解等形式，描绘习近平新时代中国特色社会主义思想的主要内容和精神实质。

2. 在社交媒体平台上发布相关主题的文章、讨论或演讲摘要

社交媒体平台能够覆盖广大用户，是传播思想的好工具。在这些平台上，可以发布有关习近平新时代中国特色社会主义思想的文章，邀请专家进行线上讲座，并把讲座的录音或录像分享给更多的人。此外，还可以开设专题讨论，鼓励用户发表自己的观点，通过互动讨论，引导用户深入思考和理解习近平新时代中国特色社会主义思想。

3. 利用网络直播或线上讲座的形式进行深入讲解和解答疑问

通过网络直播或线上讲座，可以向学生全面系统地介绍习近平新时代中国特色社会主义思想，也可以根据学生的问题，针对性地进行讲解和回答，增强教学的效果和针对性。同时，这些直播或讲座可以录制成视频，供学生随时回看和复习。

4. 开发和应用数字化学习平台

数字化学习平台如 MOOC（Massive Open Online Course，大规模开放在线课程）提供了丰富多样的学习资源，包括视频讲座、在线阅读材料、互动测验、模拟实验等。通过这些平台，学生可以根据自己的学习习惯和时间安

排进行学习，同时也能通过互动游戏或模拟实验，更深入地理解和掌握习近平新时代中国特色社会主义思想。

5. 利用大数据和人工智能等技术进行精准推送

大数据和人工智能可以帮助我们了解用户的学习习惯和需求，根据这些信息，可以进行精准推送，比如推送用户可能感兴趣的主题讨论、视频讲座或阅读材料，提供个性化的学习资源和服务，提高学习的效率和效果。

（二）通过价值观引导与道德教育来明确思想

1. 价值观引导

价值观引导在教育实践中具有重要意义。将习近平新时代中国特色社会主义思想融入学生的日常生活是一项复杂而深远的任务。这可以通过多种教学手段实现，如课堂讲授、小组讨论和实践活动。在课堂上，教师可以深入浅出地解读思想的核心理念，通过案例分析和讨论，引导学生思考如何将这些理念应用于实际生活中。此外，组织实践活动如社区服务、环保行动等，让学生亲身感受到思想在社会实践中的指导作用，从而在行动中逐渐形成正确的世界观、人生观和价值观。

2. 道德教育

社会主义核心价值观是中国特色社会主义的重要组成部分，也是习近平新时代中国特色社会主义思想的价值基础。在价值观引导中，应特别强调培养学生的爱国主义、集体主义和社会责任感。通过学习先进典型和英雄事迹，学生可以深刻理解这些价值观在实际行动中的体现，进而在日常生活中自觉践行。同时，透过讲述鲜活感人的故事，学生可以更加深入地感知这些价值观的意义，从而树立正确的道德判断和行为准则，提升自身的道德意识和道德修养。

3. 志愿服务与社会实践

志愿服务与社会实践是实现思想引导的重要途径之一。通过组织学生参与志愿服务和社会实践活动，可以让他们深入社会、深刻了解社会问题。这样的亲身经历有助于学生更加深刻地体会到社会变革和进步的现实情况，同时也能够锻炼他们的实际操作能力和解决问题的能力。在这些实践中，引导学生灵活运用习近平新时代中国特色社会主义思想，思考如何在具体场景中解决问题，促进社会的和谐发展和进步。

4. 创新创业教育

创新创业教育是培养学生综合素质的重要途径。在习近平新时代中国特色社会主义思想的指引下，创新和创业被赋予了新的内涵。通过开展创新设计比赛、创业计划竞赛等活动，学生可以在实践中体验到思想中强调的创新、协调、绿色、开放、共享的新发展理念。这不仅培养了学生的创新能力和创业胆识，还让他们在未来的社会主义建设中能够积极投身，成为推动社会发展的重要力量。

（三）通过实例教学、案例分析、互动讨论，线上互动等方式理解和接受思想

1. 实例教学

实例教学可以将抽象的理论知识具体化，通过具体的实际情境，让学生能更深入、更直观地理解习近平新时代中国特色社会主义思想。比如，可以选取中国近年来的一些社会发展情况，如扶贫工作、乡村振兴战略等，作为教学实例，引导学生从中看到习近平新时代中国特色社会主义思想的实际应用和实现路径。

2. 案例分析

通过分析具体的案例，使学生了解习近平新时代中国特色社会主义思想在实际问题中的运用和解决办法。比如，可以选取一些典型的国内外事件或问题，让学生基于习近平新时代中国特色社会主义思想，对其进行深入的分析和讨论，提高他们分析问题和解决问题的能力。

3. 互动讨论

在教学过程中，鼓励学生积极参与讨论，对习近平新时代中国特色社会主义思想进行自我解读和理解。可以组织一些团队讨论、角色扮演、研讨会等活动，让学生在互动和交流中，对习近平新时代中国特色社会主义思想有更深的理解。这不仅可以训练学生的沟通和合作能力，也能激发他们的思维活力和创新能力。

4. 线上互动

在数字化教学的趋势下，也可以利用线上教育平台，如论坛、微博、社交媒体等，开展在线互动讨论，让更多的学生可以参与到对习近平新时代中国特色社会主义思想的学习和讨论中来。例如，教师可以在论坛上发布一些讨论主题，引导学生在线上发表自己的见解，也可以通过线上直播的方式，进行实时的互动教学。

第二节　社会主义核心价值观教育

在当今时代，我们需要弘扬优秀的民族文化，把社会主义核心价值观融入传统的大学思想政治工作中去，这对于减少外界的意识形态冲击、为现代大学生树立起一个好的价值观和好的心态起到积极作用。把社会主义核心价值体系融入大学的思想政治教育中，用最先进的思想和理论去武装现在的年轻人，为将来大学生们走上社会、走上工作岗位打下了坚实的思想基础。为此，高等院校要充分发掘其与大学思政教育的共同之处，找到合适的思政教育拓展突破口，从而使大学生的价值观和道德品质得到全方位的提升。

一、社会主义核心价值观在高校思想政治教育中的实践意义

社会主义核心价值观以直观的视角，对时代特点和民族文化进行反映，同时它包含着深刻的时代精神。基于此，社会主义核心价值理念一旦被确立，就受到了整个社会的重视和认同，并逐步形成了一套由人们共同维护和自觉遵守的观念和行动规范。在新的历史条件下，社会主义核心价值观对国家的深刻

影响将不断显现，并逐步实现内化于心，成为人民的价值准则和行动准则。

具备了承前启后性。核心价值观展现出了深厚的精神内涵，它将中华民族的活力完全释放出来，与民族代代相传的共同愿景相一致，它还反映了民族共识，凸显了中华民族在这个时代中的价值判断标准。因此，可以说，社会主义核心价值观具有承前启后的时代特点。

社会主义核心价值观是一个国家的精神，它对社会的价值准则起着主导作用，并对国家价值观的形成和方向产生了重大的影响。与其他价值观比较起来，社会主义核心价值观拥有主导的内核，它毫无疑问是目前在我国具有最深刻影响的价值，它是对人民思想体系的一种客观的反映，将社会主义核心价值观的现实主导性体现得淋漓尽致。

在新形势下，大学生的思想政治教育必须以社会主义核心价值观为指导，不断创新教育方式，使其真正成为一名合格的大学生。新媒介带来的"新"视野和新思潮带来的"新"空间，迫切需要以社会主义核心价值观为指导，从新的角度来建设新的思想政治教育系统。目前，在我们国家处在一个转型时期，各种不同的文化潮流冲击着我们的思想，动摇着我们的意识形态。将社会主义核心价值观融入思想政治教育中，为大学生们提供了政治方向，明确了他们的思想价值观念，这就可以看出，践行社会主义核心价值观是大学思想政治教育的内部需要。

在新的时代背景下，思想政治教育面对着新的考验。而在新的时代背景下，对思政教育展开深入的研究，就需要对其进行一些具体的实施。首先，要培养具有综合素养的人。这是引导大学生正确三观形成的关键。在思想政治教育过程中，要把社会主义核心价值观作为教育的主要动力，对思想政治教育方法进行革新，对思想政治教育的内容进行优化，从而提高思想政治教育的重要性。其次，在现阶段，高校思政工作的重点是要不断完善高校思政工作的社会生态。要坚持以人为本，坚持以社会主义核心价值观为指导。

在大学中践行社会主义核心价值观，是大学思政教育工作的一项主要任务，也是实现思政教育工作的主要途径。为了实现提升高校学生综合素养这一目标，大学的思想政治教育应当抓住这一机遇，持续深化教育改革和建设，创新教育理念，激活教学内容，用新型的教育教学形式来推动思想政治教育的变革和发展。从学科建设的角度来看，提出构建新的理论框架，并对新的理论体系和方法进行探索，加强社会主义核心价值观对大学生思想政治工作的指导，使其真正融入大学生的思想政治工作中去。

社会主义核心价值观是我们国家精神的重要组成部分，其中包括了国家层面的富强、民主、文明、和谐，社会层面的自由、平等、公正、法治，以及个人层面的爱国、敬业、诚信、友善等多个方面。在全媒体时代，我们可以采取以下几种方式进行教育。

二、将社会主义核心价值观融入课程教学

融入课程教学，是塑造社会主义核心价值观的重要方式。这主要通过在课程设置、教材编写、教学实施等环节，深入地将社会主义核心价值观教育贯穿其中。

1.课程设置

课程设置是根本，要按照社会主义核心价值观的要求来进行。除了在思想政治教育课程中明确加入，其他各类课程，如语文、历史、地理、科学、艺术等课程也都可以找到与之相关的内容。例如，在语文课中，可以选择一些体现社会主义核心价值观的优秀文学作品进行教学；在历史课中，可以重点讲述那些为了国家富强、民族振兴而付出努力的历史人物和事件，激发学生的爱国情怀。

2.教材编写

在教材编写中，要深入融入社会主义核心价值观的内容。可以通过设置相关的主题，编写相关的教学内容，使学生在学习过程中自然而然地接触和理解社会主义核心价值观。比如，在道德和法治教材中，可以通过讲述公正、

法治的案例，引导学生认识到公正、法治的重要性。

3. 教学实施

在教学过程中，教师应以灵活多样的教学方法将社会主义核心价值观贯穿其中。教师可以将社会主义核心价值观与课程内容相结合，以生动有趣的方式引导学生理解和接受。比如，在讲解科学知识时，教师可以引导学生理解科学精神的本质是追求真理、敬业奉献，从而培养学生的敬业精神。

这种方式的优点在于，它不是单独地进行社会主义核心价值观教育，而是将其融入学生日常的学习生活中，使学生在不知不觉中接受社会主义核心价值观教育，这样更加易于让学生接受并深入内心。

三、运用全媒体资源进行社会主义核心价值观教育

全媒体资源提供了丰富的教育形式和渠道，利用这些资源进行社会主义核心价值观教育，可以达到直观、生动、有效的效果。

1. 制作与社会主义核心价值观相关的媒体内容

这包括创作文章、拍摄视频、设计动画等，内容涵盖社会主义核心价值观的各个方面。这些内容可以以故事、案例、讲解等形式展现，使抽象的道德观念具象化、生活化，更易于被学生接受和理解。

2. 利用社交媒体平台进行传播

社交媒体是当前学生最活跃的网络空间，我们可以在这些平台上发布教育内容。例如，可以在微博、微信、抖音、知乎等平台发布相关文章、视频，或者开设相关话题，引导学生参与讨论和分享，进一步扩大社会主义核心价值观的影响。

3. 利用网络直播进行教育

网络直播是一种新型的互动方式，具有实时、互动的特点。我们可以邀请专家、教师通过网络直播进行讲解、答疑，也可以组织学生通过网络直播分享自己的理解和体验，从而提高教育的效果。

4. 利用数字化学习平台进行教育

数字化学习平台提供了丰富的教学资源和便捷的教学工具，我们可以在平台上上传课程、资料，设立测试，进行交流，帮助学生进行自主学习。

5. 利用传统媒体进行宣传

虽然新媒体发展迅速，但传统媒体，如电视、广播、报纸等仍具有广泛的覆盖面和影响力，我们也可以通过编写新闻、制作电视节目、广播讲座等方式，向学生传播社会主义核心价值观。

这些方式能够使社会主义核心价值观教育更加丰富多元，适应不同学生的需求和喜好，提高教育的效果。

四、组织社会实践活动进行社会主义核心价值观教育

社会实践是一种十分有效的教育方式，通过亲身参与，学生能更深入地理解和体验社会主义核心价值观。

1. 志愿者服务活动

组织学生参加一些志愿者服务活动，比如社区服务、支教、环保活动等。这些活动能让学生直接面对社会的多样性和复杂性，提升他们的社会责任感和公民素养，同时在帮助他人的过程中，体验到友善、和谐、公正等社会主义核心价值观。

2. 主题社会实践活动

可以组织一些与社会主义核心价值观直接相关的主题实践活动，比如"学雷锋，做好事"活动、"爱国主义教育基地"参观学习等。这些活动可以使学生更具体、更直观地理解社会主义核心价值观。

3. 学术研究和创新竞赛

鼓励学生参加各类学术研究和创新竞赛，培养他们的科学精神和创新意识。在这个过程中，可以引导学生理解诚实守信、敬业奉献等价值观的重要性。在高标准平台举办各类比赛、展览、演出等品牌活动，吸引国内外高校青年学

生积极参与，不断提升品牌知名度和社会影响力，引领师生艺术教育实践并在艺术熏陶中感悟创新精神的重要性。[①]

4.校园文化活动

组织各类校园文化活动，如演讲比赛、主题班会、校园剧等，引导学生在参与中体验社会主义核心价值观。比如，通过演讲比赛让学生表达自己对社会主义核心价值观的理解，通过主题班会讨论相关问题，提高学生的思辨能力。

通过这些活动，学生不仅能够从理论上理解社会主义核心价值观，更能在实践中感受和体验其内涵，有助于社会主义核心价值观的内化和实践。

五、创新教育形式进行社会主义核心价值观教育

创新教育形式可以增加教育活动的趣味性和互动性，提高学生的学习积极性，使学生更加深入地理解和接受社会主义核心价值观。

1.在线研讨会

利用网络技术，组织在线研讨会，邀请专家学者对社会主义核心价值观进行深入讲解和研讨，学生也可以提出自己的问题和看法，进行线上交流和讨论。这种形式可以打破地域限制，使更多的学生有机会参与到学习和讨论中来。

2.角色扮演实践

设计一些与社会主义核心价值观相关的角色扮演实践，比如模拟国家领导人处理国家大事，或者模拟社区工作人员解决社区问题等。学生在扮演不同角色的过程中，能更深入地理解社会主义核心价值观，并在实践中体验其意义和作用。

3.案例分析

收集一些与社会主义核心价值观相关的实际案例，进行分析和讨论。学生可以从案例中看到社会主义核心价值观在实际生活中的应用，更加深入地

---

① 魏可媛.新时代高校艺术教育研究[M].北京：新华出版社，2023：108.

理解其重要性。

4. 创新项目挑战

组织一些以社会主义核心价值观为主题的创新项目挑战，鼓励学生运用所学知识和技能，设计并实现一些有益于社会的创新项目。在这个过程中，学生可以深入理解和体验社会主义核心价值观。

5. 数字故事讲述

引导学生使用数字技术，创作和讲述与社会主义核心价值观相关的故事。这种形式既能提高学生的数字素养，也能让他们在创作和分享的过程中，深入理解和接受社会主义核心价值观。

这些创新教育形式，可以让学生在多元化、富有创新的学习环境中，更好地理解和接受社会主义核心价值观。

六、进行社会主义核心价值观的专题教育

专题教育是对社会主义核心价值观进行深入教育的一种方式，通过集中、系统的教育，可以帮助学生更深入地理解和接受。

1. 设计专题课程

可以设计一些社会主义核心价值观的专题课程，比如"社会主义核心价值观与当代青年""社会主义核心价值观在社会生活中的应用"等。在这些课程中，教师可以深入浅出地解析社会主义核心价值观，以及它们在现代社会中的重要性和应用。

2. 制作专题教材和学习资料

制作一些包含丰富案例和实践活动的专题教材和学习资料，供学生课后阅读和参考。这些资料可以帮助学生更系统、全面地理解和接受社会主义核心价值观。

3. 举办专题讲座或研讨会

定期邀请专家学者举办关于社会主义核心价值观的专题讲座或研讨会，

让学生有机会听到更多的观点和看法，开阔自己的视野。

4. 开展专题实践活动

比如组织一次关于"诚信"的主题实践活动，让学生在实际活动中体验和理解"诚信"的价值。这种活动可以使社会主义核心价值观真正融入学生的实际生活中。

5. 制作和播放专题影片

可以制作一些关于社会主义核心价值观的专题影片，通过生动的影像和音频，让学生更直观、深刻地理解社会主义核心价值观。

通过这些方式，专题教育可以帮助学生深入、系统地理解和接受社会主义核心价值观，从而在他们的思想和行为中体现出社会主义核心价值观的精神。

七、社会主义核心价值观与高校思想政治教育的融合机制

社会主义核心价值观进课堂。思政课是在大学里践行社会主义核心价值的一个关键阵地，思政课是每一位大学生都要学习的一门必修课，所以要充分利用好大学思政课这一主要阵地，对思政课进行持续的改进和革新，借助更为生动的语言环境和现实中的典型事例，将与社会主义核心价值有关的知识展现给学生，从而提高思政课的教学效果和质量。与此同时，要把社会主义核心价值观中的相关内容作为指导思想，正确对待当前思想政治教育中普遍存在的问题。同时，应该改变以往限制大学生思维发展和创新能力培养的固定式教学模式，推动思政教师思想观念的创新和转型。例如，不要把学习成绩当作评价学生好坏的唯一标准，要积极地确立以学生为中心的教育观念。通过多种类型的社会实践，将理论知识转化为生动活泼的现实，使社会主义核心价值在高校思想政治工作中的价值和功能得到充分体现，使广大学生思想层面的认知和领悟得到充分的提高。

社会主义核心价值体系引导着校园的文化潮流。大学是多种价值体系以

及多种意识形态相互碰撞、相互交织的地方，它对当今大学生的思想道德素养的培育与发展产生了巨大的作用。有效融合社会主义核心价值观，其目的在于促使大学生为把国家建设成一个富强、民主、文明、和谐、美丽的社会主义现代化强国而奋斗，从而增强了他们的主体意识。积极创建更加平等、自由、公平、法治的社会主义和谐社会，提高大学生的社会责任感，把爱国、敬业、诚信、友善作为大学生自身素质提高的目标。在高校思政教育中渗透社会主义核心价值观，使大学生在校园生活的每一个环节都受到思想道德的熏陶，在不知不觉中树立高尚的理想，受到先进思想文化的洗礼。在思想政治课堂中，对学生进行正确的价值观念指导，并以社会主义核心价值观为基础，持续推动学校文化的发展，将学校的各种规章制度、教育管理机制与社会主义核心价值观相结合。也就是说，要坚持以自由、平等、公正、法治为导向，充分发挥其激励作用，加强校园文化建设，营造更和谐、更美好的校园文化氛围，使当代大学生自觉自律，以社会主义核心价值观为准则参加各种活动。

党的二十大报告指出："社会主义核心价值观是凝聚人心、汇聚民力的强大力量。弘扬以伟大建党精神为源头的中国共产党人精神谱系，用好红色资源，深入开展社会主义核心价值观宣传教育，深化爱国主义、集体主义、社会主义教育，着力培养担当民族复兴大任的时代新人。"社会主义核心价值观承载着一个民族、一个国家的精神追求，体现一个社会评判是非曲直的价值标准。例如，武汉理工大学马克思主义学院教师自觉承担起弘扬社会主义核心价值观的社会责任，将社会主义核心价值观与中华优秀传统文化、革命文化相结合，持续抓好党史、新中国史、改革开放史、社会主义发展史宣传教育。创新开展"信·中国""青春·朗读者"红色育人活动等；聚焦革命先辈故事，打造"理工故事"专栏，传承红色基因；以"喜迎二十大·永远跟党走·奋进新征程"为主题，开展重走长征路、红色走读，形成报告、视频、感悟等各类实践成果共计1000余项。用社会主义核心价值观铸魂育人，引导广大青年大学生挺膺担当，勤学、修德、明辨、笃实，以奋斗姿态激扬青春，书写新时代的青春答卷，做社会主义核心价值观的坚定信仰者、积极传播者和模范践行者，向英雄学习、向前辈学习、向榜样学习。

党的十九大指出："社会主义核心价值观是当代中国精神的集中体现，凝结着全体人民共同的价值追求。"要以培养担当民族复兴大任的时代新人为着眼点。坚持"德育为先，育人为本"的高等教育办学理念，对当代大学生加强社会主义核心价值观教育有重要意义。

高校是培育和践行社会主义核心价值观的重要阵地，各种思想文化在这里交流融合，各种社会思潮在这里交锋较量，各种信息资讯在这里交汇扩散，坚持以社会主义核心价值观的引领，事关高校办学的正确方向，事关社会主义事业建设者和接班人的培养，具有特殊重要的意义。

高校只有培养出牢固树立社会主义核心价值观，具有高尚思想品质和良好道德修养、掌握现代科学知识和先进技术本领的优秀人才，才能更好地为构建社会主义和谐社会服务，更好地建设社会主义先进文化，为实现中华民族的伟大复兴而贡献力量。社会主义核心价值观是我们的立身之本，理应成为时代的社会风尚，人人学习，人人践行。

第三节　中国梦宣传教育

中国梦，是中国共产党第十八次全国代表大会召开以来，习近平总书记所提出的重要指导思想和重要执政理念，正式提出于 2012 年 11 月 29 日。习近平总书记把"中国梦"定义为"实现中华民族伟大复兴，就是中华民族近代以来最伟大梦想"，并且表示这个梦"一定能实现"。"中国梦"的核心目标也可以概括为"两个一百年"的奋斗目标，也就是：到 2021 年中国共产党成立 100 周年和 2049 年中华人民共和国成立 100 周年时，逐步并最终顺利实现中华民族的伟大复兴，具体表现是国家富强、民族振兴、人民幸福；实现途径是走中国特色社会主义道路、坚持中国特色社会主义理论体系、弘扬民族精神、凝聚中国力量；实施手段是政治、经济、文化、社会、生态文明"五位一体"建设。中国梦是指实现中华民族伟大复兴的共同愿望，其基本内容是两个一百年目标和实现中华民族伟大复兴的中国梦。教育宣传中的"中国梦"是引导学生理解和热爱这一国家愿景的重要组成部分。而全媒体时代的教育不仅是传播方式的改变，更包含了内容创新和教育理念的变革。具体内容包括以下五方面。

一、利用社交媒体进行情境教育

首先，教育工作者可以通过社交媒体发布具有情境和情景的教学案例。比如，在微博或微信上发布一个虚拟场景，描述中国在实现现代化进程中面临的一些挑战，并询问学生他们将如何在这个情境下实现中国梦。这种方法能让学生更具体地理解和解答中国梦在现实生活中的应用。其次，社交媒体具有广泛的互动性和社区功能。学生可以在这个虚拟场景下发表他们的看法和解决方案，也可以参与到别人的讨论中，通过交流和对话，深化对中国梦的理解。此外，教师还可以提出反馈和建议，指导学生进行深入思考。再次，可以利用社交媒体的投票功能，让学生对不同的观点和方案进行投票。这样，学生不仅可以看到自己的观点与他人的比较，也可以了解到更多的视角和想法。这将有助于他们更全面地理解中国梦，并从多元化的视角进行思考。另外，社交媒体上的情境教育可以是定期的，也可以是随机的。这取决于教学计划和学生的需求。定期发布可以让学生有预期，有利于他们定时参与；随机发布则可以增加趣味性和未知性，激发学生的好奇心和探索精神。最后，对于每次情境教育的结果，教师可以进行总结和反馈，提出自己的观点，引导学生进行深入思考和讨论。这是一个反馈和调整的过程，可以帮助学生明确自己的理解，也可以让教师了解到学生的思考方式和学习状况，以便进行后续的教学安排和改进。

二、制作和发布具有创新性的多媒体内容

首先，虚拟现实（VR）和增强现实（AR）技术能够创造沉浸式的学习环境，给学生带来身临其境的感觉。比如，可以制作一个 VR 体验，让学生仿佛身处在未来的中国，观察和体验中国梦的实现会带来的变化。学生可以通过亲自参与和互动，更直观地理解中国梦的意义和价值。其次，AR 技术也可以为教育带来创新。例如，可以通过 AR 技术，让学生在真实的环境中看到虚拟的元素。这种结合了现实和虚拟的方式，可以让学生更好地理解中国梦与现实生活的联系，提升学习的趣味性和效果。再次，数据可视化是一种强大的信息展示方式，可以用来展示中国梦与社会发展的关系。例如，可以制作一些图表，展示过去几十年中国的经济发展、科技进步等方面的数据，以及这些变化对实现中国梦的影响。通过数据可视化，学生可以更直观地看到中国梦的进程和成果，增强他们对中国梦的信心。另外，制作和发布这些多媒体内容，需要结合学生的兴趣和需求，以及教学目标。在制作过程中，要注意内容的真实性、准确性和创新性，保证学生可以在愉快的学习环境中获取正确的知识。最后，发布这些内容的平台也非常重要。需要选择学生常用的、易于操作的平台，如社交媒体、学校网站等，这样可以确保学生能够方便地获取和使用这些内容，提高学习的效率。

三、创新教育形式和内容

首先，游戏化学习（Gamification）是一种通过将学习内容和过程设计成游戏，以增加学生参与度和兴趣的教育方式。例如，可以设计一个策略游戏，游戏中的任务就是如何实现中国梦。学生需要理解中国梦的含义，制定策略，并解决实现过程中可能遇到的问题。这种游戏不仅可以提高学生对中国梦的理解，也可以锻炼他们的问题解决和策略制定能力。其次，故事化的方式也是一种有效的教学手段。人们对故事有天然的喜爱，通过故事，我们可以更

好地理解和记忆信息。因此，可以创作一些有关中国梦的小说或影片，通过讲述人物的历程和经历，展示中国梦的内涵和价值。例如，可以创作一部电影，讲述一位农村少年如何通过努力，实现了他的中国梦。再次，除了游戏和故事，还可以尝试其他的教育形式和内容，如角色扮演、互动教学等。例如，可以设计一个角色扮演活动，让学生扮演政策制定者，思考如何制定政策以推动中国梦的实现。这种方式可以让学生更直接地理解和感受中国梦，也可以锻炼他们的思考和决策能力。另外，无论采用哪种方式，都需要注意内容的质量和深度。即使是游戏和故事，也需要有深度的内容，以确保学生能够真正理解和吸收中国梦的知识。最后，创新的教育形式和内容应该根据学生的年龄、兴趣和能力进行设计。对于不同的学生群体，可能需要采用不同的方法和内容。同时，也需要定期收集和分析反馈，以优化和改进教学方法和内容。

四、结合 AI 技术进行个性化教育

首先，人工智能（AI）技术可以通过分析学生的学习行为，如学习进度、学习时间、学习方式等，来了解学生的学习习惯和特点。例如，一些学生可能更喜欢通过视觉学习，而另一些学生可能更喜欢通过听觉或互动学习。通过对这些数据的分析，可以为每个学生提供个性化的学习资源和建议。其次，AI 技术还可以通过分析学生在学习过程中的互动和反馈，来了解他们对中国梦的理解和接受程度。例如，通过分析学生在社交媒体上的讨论和分享，或在虚拟现实体验中的表现，可以了解到他们对中国梦的理解和感受。根据这些信息，可以提供更具针对性的教学建议和帮助。再次，AI 技术可以提供个性化的学习路径。根据学生的学习进度和能力，AI 系统可以自动调整教学内容和难度，确保每个学生都能在适合自己的速度和难度下学习。例如，对于已经有较深理解的学生，可以提供更高阶的学习资源和挑战；而对于需要更多帮助的学生，可以提供更基础的教学内容和更多的指导。另外，AI 技术还

可以提供智能的学习工具，如智能提醒、智能总结等。这些工具可以帮助学生更有效地学习，如智能提醒可以帮助学生记住重要的学习任务和时间，而智能总结则可以帮助学生复习和巩固学习内容。最后，尽管 AI 技术在教育中的应用有很多优势，但我们也需要注意到它的局限性，如数据的隐私和安全问题，以及对学生独立思考能力的可能影响。因此，在利用 AI 技术进行个性化教育时，我们需要充分考虑这些问题，确保教育的质量和公正性，同时也尊重和保护学生的权益。

五、创新评价方式

首先，学生在社交媒体上的讨论和分享可以作为评价他们理解和接受中国梦的一个重要依据。通过对他们的发言和互动进行分析，可以了解他们对中国梦的理解程度，以及他们在思考和讨论中国梦时的主动性和深度。例如，可以关注他们在讨论中提出的观点和问题，以及他们对别人观点的回应和反馈。其次，全媒体学习平台上的学习表现也是评价学习效果的重要途径。这包括他们完成的学习任务、得到的成绩、获得的徽章等。这些数据可以显示学生在学习过程中的努力和进步，以及他们对学习内容的掌握程度。例如，如果学生在一个有关中国梦的 VR 体验中，表现出了高水平的策略制定和问题解决能力，这可能说明他们对中国梦有了深入的理解。再次，可以利用 AI 技术进行更深入地学习数据分析。AI 系统可以根据学生的学习行为和成绩，生成详细的学习报告和分析，提供更全面和精细的评价。例如，AI 系统可以分析学生的学习路径，了解他们在学习过程中遇到的困难和挑战，以及他们如何克服这些困难。另外，创新的评价方式应该重视学生的参与和进步，而不仅仅是最后的结果。通过鼓励学生积极参与，提供有价值的反馈和建议，以及认可他们的努力和进步，可以激发他们的学习动力，帮助他们更好地理解和接受中国梦。最后，尽管创新的评价方式有很多优点，但我们也需要注意到它的局限性。例如，对学生在社交媒体上的表现的评价，可能会受到其他因素的影响，如网络环境、社交氛围等。因此，我们需要采用多元化的评价方式，综合考虑多方面的因素，以确保评价的公正性和准确性。

第四节　爱国主义教育

热爱祖国，不单是一句口号，它是千千万万胸怀祖国的华夏儿女发出的呐喊；热爱祖国，也不单是一句台词，它是千千万万有志之士用生命和热血谱写的真理。古往今来，多少仁人志士，为民请命的人，舍身求法的人，无不秉承着中华民族的伟大爱国主义精神。而我们新时代的青少年也一定要弘扬和践行爱国主义精神。

一、爱国主义教育的内容

（一）国家和民族历史教育

国家和民族历史教育包括国家的产生、形成、发展，各民族的构成和融合，现行社会制度的形成与特点，国家和民族独立解放和反抗侵略的历史及英雄人物事迹等。突出中国共产党领导中国人民为建立中华人民共和国而英勇奋斗的崇高精神和光辉业绩，突出中国人民解放军在民族独立和解放战争中浴血奋战、成长壮大的光辉历程；培养全民热爱祖国、热爱中国共产党、热爱社会主义制度，为国家独立富强奋斗和献身的精神。

（二）民族优秀传统文化教育

民族优秀传统文化教育包括国家和民族优秀的历史文化遗产、著名的科学技术成就等。中国的教育，突出中华民族灿烂的政治文明、物质文明、精神文明及其对社会发展和人类进步的卓越贡献，突出中华优秀传统文化的核心和内涵，增强全民的民族自尊心、自信心和自豪感。

（三）国情教育

中华民族传统文化的博大精深，我们要对传统文化充满自信，并把它发扬光大。在潜移默化、润物细无声中筑牢爱国主义、民族情怀的共同基础，帮助学生浇筑起文化自信坚实基座，最终实现为党育人、为国育才目标。再如，在讲催化剂对化学反应速率的影响时，讲述了中国催化剂之父闵恩泽先生的生平事迹，通过对我国著名化学家闵恩泽先生生平事迹的分析，发现在他身上具有老一辈科学家共有的一些特质：报国热忱，严谨求实，开拓创新。教育引导学生把国家、社会、公民的价值要求融为一体，提高个人的爱国、敬业、诚信、友善修养，自觉把小我融入大我，不断追求国家的富强、民主、文明、和谐和社会的自由、平等、公正、法治，将社会主义核心价值观内化为精神追求、外化为自觉行动。

青年成长道路千万条，爱国第一条。爱国教育在大学教育中起到了越来越重要的作用。在中国共产党的领导下，中国面貌焕然一新。其中《共产党宣言》有着重要的思想引领作用，它在发展道路上不断发光发热，照耀着中国共产党人，激励着中国共产党人不断进取，最终让中国人民翻身做主人，开启了创造幸福生活的新纪元。

二、将爱国主义教育融入大学思政课的方式

（一）数字故事

首先，通过数字故事，我们可以创建一系列动画短片，展示中国历史的重要事件和人物，例如，演绎烽火戏诸侯的战国时期，描绘秦始皇统一六国的壮举，或者重现抗日战争的激烈战斗。这些短片可以提升学生们对国家历史的了解，从而增强他们的爱国情感。其次，我们可以利用数据可视化工具，制作一些展示中国国家发展的故事。例如，通过动态的图表和地图，展示中国经济发展的历程，突出在不同阶段取得的重大成就，如基础设施的建设、

科技创新的进步等。这样可以帮助学生了解国家的发展历程，理解为什么要爱国。再次，我们可以编写一些与爱国主义主题相关的虚拟现实（VR）或增强现实（AR）故事。例如，设计一个 VR 游戏，让学生能亲身体验到历史事件，或者创建一个 AR 应用，让学生能在现实中看到历史的痕迹。这样的互动故事可以提供更生动的学习体验，使爱国主义教育更有趣味性。另外，我们也可以鼓励学生参与到数字故事的创作中来。例如，组织一次学生数字故事比赛，主题就是爱国主义。学生们可以自由选择形式，如动画短片、数据可视化故事或者 VR/AR 故事，然后分享他们的作品，这样既能提高他们的创造力和技术能力，又能深化他们对爱国主义的理解。最后，我们可以利用全媒体平台，如社交媒体、在线学习平台等，发布和分享这些数字故事，让更多的人能接触到这些有关爱国主义的内容，从而提升爱国主义教育的影响力。

（二）协作式学习项目

首先，我们可以设置在线团队研究项目。教师可以将学生分为不同的小组，并为每个小组分配一个与爱国主义相关的主题，如"现代中国的建设与发展""中国科技成就"或"中国的国际贡献"。各小组的任务是利用网络资源进行研究，并在线分享他们的研究成果。这种方式不仅让学生对中国的发展和贡献有更深的理解，增强他们的爱国主义情怀，还培养了他们的团队合作能力。其次，我们可以组织在线团队创作项目。例如，学生团队可以创作一部描绘中国历史或文化的短片或动画，或编写一篇关于中国科技成就的报告。这种创作过程将加深学生们对爱国主义主题的理解，同时培养他们的创新和表达能力。再次，利用媒体平台的互动性，可以开展在线团队讨论。例如，对于一部描绘中国抗日战争的电影，学生团队可以进行在线讨论，分析电影中表现的爱国主义精神，提出自己的见解和感想。另外，协作式学习也可以结合现实生活中的活动。例如，组织学生参观历史博物馆或科技展览，然后在媒体平台上分享他们的见闻和感想，进行在线讨论，从而更加深入地理解爱国主义。最后，教师可以利用媒体工具对学生的表现进行评估和反馈。例如，通过查看学生在线上的研究报告、创作成果和讨论贡献，教师可以了解学生的学习情况，给出有针对性的建议和指导，促进学生更好地理解和体验爱国主义。

（三）数字公民活动

首先，全媒体平台可以用来开展爱国主义主题的在线讨论。学生可以在社交媒体上发表关于爱国主义主题的文章或视频，或在讨论区参与关于爱国主义的讨论。这种活动可以让学生深入思考爱国主义的含义，表达自己的观点和看法，同时也能让他们了解到其他人的观点，增强他们的公民参与意识和社会责任感。其次，学生可以参与到一些在线的公共服务活动中。例如，他们可以参与到数字图书馆的建设中，整理和上传一些关于中国历史和文化的资料；或者参与网络安全的普及教育，帮助其他人了解和防范网络风险。这些活动可以让学生在实践中感受到作为一个公民的责任，同时也能让他们更深入地理解爱国主义。另外，学校还可以举办一些与爱国主义主题相关的在线比赛或活动，如爱国主义微电影比赛、在线知识竞赛等。这些活动既可以让学生展示自己的才华，也可以鼓励他们积极参与到爱国主义的学习和宣传中来。最后，学校应积极引导学生在全媒体平台上遵守网络道德和规则，如尊重他人的观点，避免网络欺凌，不传播假新闻等，培养他们成为有责任感的数字公民。

（四）在线辩论赛

首先，设定辩论主题时，可以选择深入爱国主义的各个方面，涵盖国家的历史、文化、社会、政治等主题。比如，可以让学生探讨在国家发展中的具体历史事件，或者讨论如何在现代社会中践行爱国主义。每个主题都需要学生深入研究，从而增强他们对爱国主义的理解。其次，开展辩论活动的具体方式也很重要。在全媒体环境下，学校可以使用视频会议软件进行实时的辩论，也可以在社交媒体上组织非实时的在线辩论。为了确保辩论的有效性，学校需要提前设置明确的规则，例如，设定每个阶段的时间限制，明确辩论的格式和评分标准等。再次，辩论活动也需要有一定的引导和教学支持。例如，学校可以在辩论开始前，提供一些辩论技巧和策略的指导，或者提供一些研究资源来帮助学生更好地准备。在辩论结束后，教师可以提供反馈和评价，帮助学生总结经验，改进不足。另外，全媒体平台也为评价和激励提供了新的可能性。例如，学校可以通过线上投票，让更多的人参与到辩论的评价中来。学校也可以设立奖项，以此来激励学生更积极地参与辩论，更深入地研究爱国主义。最后，学校还可以将辩论赛的录像发布到全媒体平台上，让更多的人看到学生的表现，也让学生有机会从其他人的辩论中学习和借鉴。

（五）自媒体创作

首先，对于自媒体创作的含义，它涉及使用全媒体工具，如短视频、微博、微信等，由学生自行创作和发布内容。在爱国主义教育中，学生可以通过自媒体创作来表达他们对于爱国主义的理解和感受。其次，自媒体创作是一种充满创新性的学习方式。学生在创作过程中可以全面地调动他们的创新思维，这可能包括内容的选择、故事的构思、信息的呈现等。例如，学生可以选择制作一段讲述他们家族历史中的爱国故事的短视频，或者写一篇关于他们对国家发展的理解和期望的博客文章。再次，自媒体创作也是提升学生表达能力的有效途径。通过制作短视频或撰写博客等活动，学生需要整理和阐述他们的思想，这有助于提高他们的语言组织和表达能力，同时也能增强他们的信息筛选和处理能力。另外，自媒体创作的公开和分享性，使得学生们有机会在更广泛的社区中交流和学习。他们的作品在全媒体平台上发布后，可以吸引同学、老师、家长乃至社会公众的关注和评论，这种多元化的反馈可以进一步促进学生的学习和成长。最后，学校在引导自媒体创作的过程中，还需要注意到网络安全和道德规范的教育。这包括如何保护个人隐私，如何鉴别和处理网络信息，如何礼貌和有效地在线交流；等等。

（六）实时在线直播

首先，实时在线直播是指利用互联网技术，实时传输视频和音频的活动。在爱国主义教育中，可以利用在线直播技术邀请专家或名人进行实时讲座或问答。其次，这种方式的教育具有极大的互动性。在线直播的过程中，学生可以实时向嘉宾提问，通过嘉宾的回答，可以更深入、更直观地理解爱国主义主题。不同于传统的教师讲座，这种方式可以极大地增强学生的参与度，提高他们的学习兴趣。再次，实时在线直播的形式非常生动，使得学生能够在轻松的氛围中学习爱国主义。通过观看专家、名人如何阐述爱国主义，学生可以从中看到爱国主义的实践，并从他们的言辞中感受到爱国情怀，这对于学生理解爱国主义有着积极的帮助。另外，实时在线直播也突破了地理位置的限制，只要有网络，学生就可以参与其中。这样一来，更多的学生可以受益于此，增强了教育的普惠性。最后，为了确保直播的效果，需要预先做好一些准备工作，比如设定直播的主题、预约嘉宾、预备一些可能的问题等。在直播进行的过程中，还需要有人负责维护直播的秩序，比如管理弹幕、回应观众的反馈等。

第五节　中华民族优良传统和中国革命传统教育

在几千年历史长河中，中华民族形成了伟大民族精神和优秀传统文化。中华优秀传统文化积淀着中华民族最深层的精神追求，代表着中华民族独特的精神标识，是中华民族的"根"和"魂"，是我们在世界文化激荡中站稳脚跟的根基。中华优秀传统文化对于中华文明的形成并延续发展几千年而从未中断，发挥了十分重要的作用，而中华文明又是中国特色社会主义植根的沃土。如果没有中华五千多年文明，哪有什么中国特色？如果不是中国特色，哪有我们今天这么成功的中国特色社会主义道路？可以说，中华优秀传统文化既是中华民族生生不息、长盛不衰的文化基因，又是中华民族伟大复兴的精神力量。

党的历史是最生动、最有说服力的教科书。要展望和实现我们党和国家事业的未来，就要做到知史爱党，知史爱国了解我们党和国家事业的来龙去脉，从党史、新中国史、改革开放史、社会主义发展史中汲取正反两方面经验，特别是要正确了解党和国家历史上的重大事件和重要人物。这对正确认识党情、国情十分必要，对我们新时代开创未来也十分必要，因为党的历史是最生动、最有说服力的教科书。

用党的光荣传统和优良作风坚定信念、凝聚力量。我们党在长期实践中培育并坚持了一整套光荣传统和优良作风：全心全意为人民服务，对党忠诚，理论联系实际，密切联系群众，批评和自我批评，敢于斗争和善于斗争，艰苦奋斗等。波澜壮阔的百年征程中，中国共产党不是没有经历磨难，而是经历过很多磨难的政党，但是中国共产党从来没有被所谓的磨难压垮过，而是愈挫愈勇，不断从磨难中成长、从磨难中奋起、从挫折中不断发展壮大，靠的是始终坚守初心使命，始终坚守党的光荣传统和优良作风。世界上没有任何一个人、任何一个政党不犯错误，敢于保证真理永远握在自己手中，犯了错误就要改正是亘古不变的真理，毛泽东同志就曾明确指出："党内如果没有矛盾与解决矛盾的思想斗争，党的生命也就停止了。"

批评与自我批评不是制造矛盾，而是正视矛盾。是为了更好地阐明党内矛盾存在的普遍性，也是为了更好地砥砺前行。大革命时期，当时处于幼年时期的中国共产党，在统一战线、武装斗争和党的建设三个基本问题上没有经验，在大革命后期犯了以陈独秀为代表的右倾机会主义错误，放弃了无产阶级对于农民群众、城市小资产阶级和民族资产阶级的领导权，尤其是武装力量的领导权，同时共产国际对于中国国情并不了解，对于中国革命做出了一些不切实际的指导，方方面面的原因最终导致了大革命的失败。大革命失败后，党和革命事业前途和命运正处于最关键的时刻，在中国革命紧急关头召开的八七会议，发扬共产党人批评与自我批评的优良传统，批判和纠正了陈独秀右倾机会主义错误，撤销了他在党内的职务，选出了新的临时中央政治局，确定了土地革命和武装斗争的总方针，可以说此次批评与自我批评及时地向党和全国人民指明了斗争方向。特别是在这次会议上，毛泽东提出了"枪杆子里出政权"的著名思想。给正处于思想混乱和组织涣散的中国共产党指明了新的出路，为挽救党和革命作出了巨大贡献。从大革命失败到紧急召开八七会议使党在革命中前进了一大步的生动实践告诉我们，坚持用正确的原则开展批评与自我批评，党内的团结和统一才能达到一个新的高度，党的战斗力才能得到提升加强。也正因此，世人看到八七会议后，我们打响了秋收起义，为后来各地工农红军和农村革命根据地的大规模发展奠定了基础。

一、中国革命传统教育

（一）高校学生要了解中共百年党史

1921 年 7 月，浙江嘉兴南湖之畔的一艘小船上诞生了中国共产党。从此，中国革命乘着这艘承载着信念与梦想的红船，扬帆起航，劈波斩浪，百年奋斗。习近平总书记指出："中国共产党一经诞生，就把为中国人民谋幸福、为中华民族谋复兴确立为自己的初心使命。"[①] 不难看出，中国共产党不但说到了，而且做到了，他们全心全意为人民服务，为老百姓谋福祉。1921 年至2021 年，中国共产党领导人民，从星星之火到燎原之势，从开天辟地到改天换地，从民族危难到民族复兴，从 58 名党员逐步发展到 9500 多万名党员。一百年来，一代又一代中国共产党人，为赢得民族独立和人民解放，实现国家富强和人民幸福，前仆后继，浴血奋战，艰苦奋斗，无私奉献，谱写了气吞山河的英雄壮歌。李大钊在沉沉黑夜中向往"青春之国家"；方志敏在敌人监狱中憧憬"可爱的中国"；无数革命先辈用热血浇灌理想，以生命奉献国家；张桂梅忠诚执着守初心，无私奉献；卢永根把一生献给党和祖国；李夏抢险冲锋在前扎根基层为民。一百年来，中国共产党团结带领中国人民，开辟了伟大道路、创造了伟大事业、取得了伟大成就，书写了中华民族五千年历史上最恢宏的史诗。

（二）高校学生要深刻体会伟大建党精神是中国共产党人精神谱系的源和本

伟大建党精神是中国共产党坚守初心使命，点燃奋斗激情的强大精神力量。在伟大的复兴道路上，中国共产党人拿出了舍我其谁的担当，主动担苦、

---

① 习近平. 在庆祝中国共产党成立 100 周年大会上的讲话 [N]. 人民日报,2021－07－02 (02)..

担难、担重、担险，最重的担子是他们抢着挑，最硬的骨头是他们抢着啃，最烫手的山芋也是他们抢着接。伟大建党精神是中国共产党人精神谱系的源和本。一百年来，在应对各种困难挑战中，我们党意志坚定，锤炼出了不畏强敌、不惧风险、敢于斗争、勇于胜利的风骨和品质。在一百年的非凡奋斗历程中，涌现出了一大批视死如归的革命烈士、一大批顽强奋斗的英雄人物、一大批忘我奉献的先进模范，形成了我们大家所熟知的井冈山精神、长征精神、遵义会议精神、延安精神、西柏坡精神、红岩精神、抗美援朝精神、"两弹一星"精神、特区精神、抗洪精神、抗震救灾精神、抗疫精神等伟大精神，构筑起了中国共产党人的精神谱系。这些伟大的精神一脉相承，代代相传，跨越时空、历久弥新，是党和人民的宝贵精神财富，深深融入我们党，国家、民族、人民的血脉之中。

（三）高校学生要继承并发扬伟大建党精神

传承伟大建党精神，我们要以一往无前的奋斗姿态和永不懈怠的精神状态，做到敢闯敢试，真干真为，善作善成。首先，有关部门应密切关注新技术的发展动态与青年大学生的思想变化，通过新媒体等拓宽伟大建党精神传承的渠道，吸引更多青年大学生参与。其次，高校学生要倡导积极正确的价值取向，坚持党的宗旨，增强党的观念，发扬优良传统，继续保持党的先进性，巩固党的执政地位，把建设中国特色社会主义事业继续推向前进。再次，高校学生还要密切关注科学技术发展趋势，及时学习和掌握新的科技知识，调整自己的知识结构，以适应知识经济时代和未来科技发展的要求。最后，高校学生要继续彰显社会责任感，把伟大建党精神融入自己的价值追求当中，应努力增强为实现中华民族的伟大复兴而奋斗的责任感与使命感。

二、中华民族优良传统

高校作为培养人才的基地，需要加强对劳动教育的研究，提高教育效果，让劳动教育成为学生的"必修课"。而新的时代呼唤新的劳动教育，构建新时代中国特色社会主义劳动教育体系，应该把"如何教，教什么，怎么教"放在首位，不断探索高校劳动教育的新路径。

（一）科学认识新时代的劳动精神，树立正确的劳育观

信息化时代，生产效率和生产力都得到极大的提升。越来越多的体力劳动被人工智能取代，劳动的价值比以往任何时期都重要，更凸显人通过动手动脑劳动，获得的物质收获、精神满足和社会价值。

大学教育中要把新的时代内涵融入劳动教育，让大学生深刻认识到应通过自己双手劳动来创造、改变生活。在真实的情境中，大学生的感受更真实，劳动教育的效果更明显。比如在学校、家庭、社会等各种情景中。

体现在劳动观：新式劳动不断涌现，劳动教育的方式需要跟着改变，引导学生用发展的眼光认识劳动。

体现在择业观：新时代背景下，大学生有了更多的机会展现自己的社会价值。引导学生行业无贵贱之分，返乡创业的大学生是一道亮丽的风景，大学毕业后当"淘粪工""养猪户"、研究生当"城管"，这一个个鲜活的形象都很好地印证了"行行出状元"。

体现在消费观：我们生活在经济腾飞的中国，人们有更多的途径、机会来支配自己的消费，甚至是超前消费。这在年轻人中存在的现象更为普遍，这也反映了劳动教育在消费观上是有缺陷的。

体现在闲暇观：随着劳动效率的不断提高，人们自由支配自己的时间就会增多，老师要教育学生树立正确的闲暇价值取向，能够合理，计划安排自己的闲暇时间，在闲暇活动中应受到道德原则和规范的约束。

（二）打造好的大学劳动教育校园文化，营造好的劳动氛围

想要切实在大学校园开展劳动教育，好的劳动氛围起到事半功倍的效果，这需要动员的不只是老师学生，学校领导也要参与进来。对上级下达的劳动教育给予高度重视，落实到学校各个部门，每个专业老师积极响应和组织落实。校园内的劳动文化宣传要到位，及时更新信息，紧跟劳动教育步伐。有效运用海报等传统媒体和公众号等新媒体，让劳动教育潜移默化地根植在学生的生活、学习中。校园内大力开展教育活动，运用讲座、宣传视频等，充分运用典型事例，以多元的方式感染、吸引学生，加深他们对劳动内涵和价值的理解。

（三）把劳动教育融入教学课程，完善人才培养体系

想要更好地开展劳动教育，人才培养方案的建设是很必要的。抓住思政教育这根准绳，挖掘劳动教育的元素，育人目标明确、思路清晰、措施得力、富有成效，形成人才培养方案。确立人才培养方案后，根据现行的行业规则，充分考虑课程特点，分析学生的特点，形成课程标准。最后根据人才培养方案和课程标准，要做好课程建设，编制课程框架，制定课程目标，设计课程内容，考虑选择什么教材、教学方式、教学环境、教学管理、考核评价体系。

（四）创新学以致用的实践平台，形成长效的运行机制

有了目标和实施方法，还要验证是否能够长效施行。在建设的过程中反思、改进，不断寻找新方式、新路径。要明确接受劳动的主体是"学生"，尊重了解他们的诉求，结合学校性质和专业特点，依托学校校内外实践、实训平台，为学生搭建实践劳动的"桥梁"。要把校内和校外资源充分利用起来，清洁、爱护校园，组织学生参与校园美化。带领学生到祖国需要的地方去参加实际的劳动实践，借助志愿服务等让同学们体会到现实生活中劳动带来的成就感、满足感。

建立系统的综合评价和考核制度，要明确评价内容和考核项目，制定考核标准，同时要构建社会各界的评价体系（学生、学校、家长、企业、社会等），督促学生、老师共同成长。劳动教育也是我们践行"中国梦"的重要载体，不能停留在理解层面，要落到实处，在教学育人的过程中注入新的活力。站在"两个一百年"的历史重要交汇点上，我们学习党史、新中国史、改革开放史、社会主义发展史，就是为了从党走过的波澜壮阔的历史中，坚定对马克思主义的信仰，对中国特色社会主义的信念，对实现中华民族伟大复兴中国梦的信心。同时我们还要传承和弘扬批评与自我批评的光荣传统和优良作风，坚定信仰信念、凝聚实现中华民族伟大复兴中国梦的磅礴伟力。

第六节　马克思主义理论教育

马克思主义理论是马克思、恩格斯在继承人类优秀文化遗产、总结工人运动经验基础上，创造的关于无产阶级和全人类解放的先进思想，是无产阶级根本利益的科学理论。可以说马克思主义是党领导中国广大工农阶级人民走向胜利的思想之刃。

马克思主义理论教育在许多国家和地区的高校和研究机构中都是重要的教学内容。它旨在培养学生的批判思维能力、科学研究能力和社会责任感，引导学生关注社会问题、思考社会变革的路径，并为实现社会公正和人类进步作出贡献。马克思主义理论教育的内容包括以下几个方面。一是马克思主义哲学。教育学生掌握马克思主义哲学的基本观点，如辩证唯物主义、历史唯物主义、实践论等，以及哲学思维方法的运用。二是政治经济学。教育学生了解马克思主义政治经济学的基本原理，包括剩余价值理论、资本主义的矛盾和危机、社会主义的发展规律等。三是科学社会主义理论。教育学生了解科学社会主义的基本原则和理论体系，包括无产阶级革命、社会主义建设、阶级斗争和社会发展的规律等。四是马克思主义中国化。教育学生学习和理解马克思主义在中国的发展和应用，包括中国特色社会主义理论体系、中国共产党的思想路线等。

十月革命一声炮响，给我们送来了马克思列宁主义。中国共产党自成立之日起，就把马克思主义写在自己的旗帜上，一代又一代的中国共产党人始终把握历史主动、锚定奋斗目标，把马克思主义基本原理与中国具体实际和时代特征相结合，创造性地把马克思主义运用于中国革命建设和改革实践，不断推进马克思主义中国化，建立了人民当家作主的中华人民共和国，指导了社会主义革命和建设、改革开放和社会主义现代化建设，实现了中华民族从站起来、富起来到强起来的历史性飞跃。这体现了马克思主义对人类认识世界、改造世界、推动社会进步的不可替代的作用，更充分地说明了马克思主义只有植根于中国的土壤，不断推进马克思主义中国化，才能焕发出强大的生命力。

时代在变化，社会在发展，中国业已进入了全面建设社会主义现代化的新时代。在纪念马克思诞辰 200 周年大会上，习近平总书记指出："我们要坚持用马克思主义观察时代、解读时代、引领时代，用鲜活丰富的当代中国实践来推动马克思主义发展。"[①] 新征程路上，我们要实现中华民族伟大复兴的中国梦，就必须以中国化、时代化的马克思主义武装头脑，把握时代脉搏，不断提高运用马克思主义分析和解决实际问题的能力，运用中国化、时代化的马克思主义科学理论指导我们应对重大挑战、解决重大矛盾。

马克思主义理论研究和建设工程（以下简称"工程"）是党的思想理论建设的基础工程、战略工程，也是高校铸魂育人的灵魂工程。习近平总书记指出："办好我们的高校，必须坚持以马克思主义为指导，全面贯彻党的教育方针。要坚持不懈传播马克思主义科学理论，抓好马克思主义理论教育。"[②] 高校扎实推进马克思主义理论研究和建设工程，是开创我国高等教育事业发展新局面的题中应有之义。我们要始终坚持正确办学方向和育人导向，运用好工程成果，把党的创新理论成果转化为育人资源，把推动习近平新时代中国特色社会主义思想进教材、进课堂、进头脑的任务落到实处。高校的思想政治工作，要求在引导青年思想和行为时，必须紧密联系现代化建设实际和青年思想实际，在马克思主义的世界观指导下，按照客观规律，有针对性地、科学地对青年进行生动活泼的思想教育。要始终把青年学生的思想动态、观点作为认识和研究的对象，在准确把握对象的基础上，确定思想政治工作的具体目标、内容和方法，还要善于抓住具有倾向性的问题开展普遍教育，善于对具体问题进行具体分析，注意根据青年知识水平、生活经历等的不同，因材

---

① 习近平. 在纪念马克思诞辰 200 周年大会上的讲话 [N]. 人民日报，2018-05-04 (01).

② 习近平. 把思想政治工作贯穿教育教学全过程 开创我国高等教育事业发展新局面 [N]. 人民日报，2016-12-09 (01).

施教，实现普遍教育与个别教育的有机结合。

平等相待的原则。也就是教育者应当平等地对待教育对象。高校开展思想政治教育，一定要充分认识到高校青年学生思想、个性的特征，在尊重青年学生人格和尊严的基础上，运用平等商讨的方法，平等地和青年学生交换思想、交换意见，帮助青年学生解决思想疑虑和其他问题，从而达到思想政治教育的目的。

引导激励的原则。通过循循善诱、说服教育的思想政治工作方法，把青年学生的思想引导到正确的轨道上来，克服错误思想，自觉改正不足，并要善于发现青年学生思想和行为方面的闪光点，通过肯定和调动青年学生内在的积极因素，鼓励他们发扬优点和长处，使他们学有所用，才有所施，激励他们增强积极向上的信心和决心，从而带动广大青年学生不断前进，共同进步，实现"四有"人才的培养目标。

讲求实效的原则。思想政治教育是手段而不是目的，是为了促进青年学生的健康成长，提高他们的思想政治素质和科学文化素质。因此，高校的思想政治教育，要着眼于帮助青年学生解决思想问题，调动他们奋发成长的积极性和自觉性，并重视帮助青年学生解决实际问题；思想政治教育的形式要为青年学生所易于接受，要善于做深入细致的思想政治工作，切忌搞花架子，做表面文章，否则思想教育不仅难以奏效，而且容易引起反感，导致思想政治教育走入死胡同。

立足预防的原则。思想政治教育的实效性，不只是在于解决已经发生的问题，更重要的是做到防患于未然。因此，思想政治教育要增强工作的预见性，及时准确地把握青年学生的思想动态和发展趋势，抓住并根据具有典型意义的思想或行为上的苗头和动向，针对性地开展思想教育，帮助青年学生把不正确的思想念头和错误的行为动向消灭在萌芽状态之中。

在我们身边经常可以听到某某农业大学因为同室打呼噜杀人，某某大学大学生为爱献身，这样的事情时刻发生着，为我们的大学教育敲响了警钟，到底孰之过，学校、社会、家庭、还是学生自身，发人深省，值得每一个人沉思，我们的大学教育到底在哪一个环节上出了问题。以下是本人结合自己这几年的学习经历，简要地谈谈如何加强高校大学生思想政治教育。

高校大学生思想政治教育问题由来已久，各种各样的大学生思想问题时刻充斥着社会，时刻充斥着国家和民族未来的每一根神经。但是作为一个社会问题，越来越多地引起国家、社会的高度关注。起于最近几年的事情，北大学生因为思想问题用硫酸伤害国宝熊猫，云南大学一学生因心理问题将舍友全部杀害。因为工作，就业，感情心理问题自杀、跳楼者更是随时都可能发生。作为精英群体的大学生抵抗心理问题的能力如此不堪一击，动辄寻死觅活，在竞争如此激烈、社会节奏变化如此之快的社会现实之下，他们怎样才能在社会上更好地为国家民族作贡献，为社会家庭谋幸福呢！

他们是国家和民族的未来。他们是未来中国社会的支柱，他们是家庭的精神支柱。可是他们没有一个良好的精神状态，没有一个健康的心理，没有一个抵抗各种风险和挫折的信心，何谈为国家民族作贡献？单说自己何以自托于这个复杂多变、机遇与风险共存的社会。越来越多的思想教育工作者特别是高校大学生思想教育工作者意识到大学生思想教育问题的严重性，他们纷纷著书立说，希望能引起社会各界对高校大学生思想教育问题的高度关注，由此引发了对当代大学生心理问题的专门研究。

大学生思想政治教育已成为日益严重的社会问题，各种各样的大学生心理问题层出不穷，并且有日益加剧的趋势。所有的这一切提醒我们解决大学生思想政治教育问题刻不容缓，到了我们应该正视的时候了，否则我们以何面目见世人，怎么对得起国家民族和自己的社会良知，这必然催生对高校大学生思想政治教育问题的专门研究。

如何加强高校大学生思想政治教育问题有一句很经典的话，我个人觉得十分受用："解决问题的方法总比问题多。"在如何加强高校大学生思想政治教育问题上同样如此。在大学生当中的确存在着各种各样的思想问题、政治问题，但是方法总是比问题多，所以结合了自己的在校教学经历提出如下新举措，希望能为高校大学生思想政治教育提供一些借鉴的经验，同时更希望能为大学生提供一些经验教训。

第一，加强马克思主义理念教育。用马克思主义的基本经验去改造非马克思主义的各种思想，使马克思主义思想真正成为新时期大学生的思想武器，成为他们衡量对与错的标准、是与非的标准，并使之自觉地成为他们的世界观方法论。在新的时期，马克思主义理念教育只能加强不能弱化，只有马克思主义思想才能为当代高校大学生提供指引。在大学生思想政治教育过程中，要自觉地与各种非马克思主义的思想作坚决的思想斗争，抵制各种非马克思主义思想对当代大学生思想的侵蚀，形成正确的核心价值观，以一个正确的心态为国家民族为社会家庭奋斗。

第二，强化社会主义法治理念。在当代高校大学生当中，要经常地进行各种普法教育宣传，使他们成为自觉知法守法护法的社会主义建设合格的接班人。在当代大学生当中出现的各种奇怪的问题当中，很大一部分问题出现的原因仅仅是因为他们不懂得法律，结果一步错毁了自己的一生幸福。所以在当代大学生思想政治教育过程中开设一些基本的法律课程是十分急切和迫切的，比如开设民法、刑法、行政法课程，让他们懂得什么是犯罪，什么是自己应该做的，什么是自己不应该做的。无论什么时候什么情况，社会主义法治理论教育一定要强化其地位，提高法律在广大大学生心目中的地位，按法律做事，提倡法律信仰，使知法守法护法成为其一种自知自觉的活动。

第三，建立大学生心理辅导机构，及时发现并解决有心理问题的高校大学生。据心理学解释很大一部分问题的发生，是由于他们出现了心理问题，没有及时地得到解决，到最后积少成多，形成了心理扭曲，结果出现了很多违背社会良知的行为。每一个学生的经历、性格等各不相同，我们要采取一个正确的方法，因势利导，而不能单纯地将问题单纯化或者复杂化。建立大学生心理辅导机构是一个伟大的系统的工程，需要学校各个机构的密切配合，发现问题及时解决。力求将问题解决于萌芽状态。有了这样的机构，他们就可以对高校大学生进行各种行之有效的思想政治教育，提高他们抵抗风险和挫折的能力和程度。

第四，建立多层次立体化的培训体系。我国高校具体分为普通类一本院校、民办二本院校及高专职院校，不同的层次学校，有着不同层次的办学水平和不同素质的学生群体，这对于高校思政教育的发展有着巨大的挑战，要求不同层次的高校具体问题具体分析，根据自身情况做出对思政教育的部署。现代大学生作为新时代民族复兴大任的担当人，对其进行思想政治教育尤为重要，而面对新环境下长大的"00后"，他们的成长环境、学习方法已较之前的模式作出了巨大转变，普遍呈现出自我意识强、创新能力突出但抗挫能力不足，追求时尚但带有功利性等特点，加上网络信息的快速发展也使得其逐渐变得思想意识偏激，判断事物的能力下降，严重影响了大学生的思维方式和行为方式，种种因素均导致大部分高校学生对于思政课的重视程度不足。故增强思政教育的实效性迫在眉睫，将大学生思政教育和社会实践紧密地结合起来也变得尤为重要。

第五，营造学校、社会、家庭三位一体的和谐新局面。这就使得高校大学生思想政治教育工作者要意识到学生工作不是一个人、一个部门、一个集体的责任，需要各方面全方位的密切配合才能更好地将学生工作做好做全面做到位。由此要求大学思想政治教育工作者努力做到学校、家庭，社会三者之间的有机统一。社会为学生尽量提供一个良好的社会环境，努力形成人人关心大学思想政治教育的良好的社会氛围；家庭主要是父母力求为孩子创造一个轻松和谐的家庭环境，使得孩子能够体会到家庭的温暖，有了思想问题主动找父母或者学校进行良性的互动。有了这样一个大的学习环境，高校大学生一定可以将各种各样的思想问题降到最低，到最后形成和谐校园，成为中国特色和谐社会中不可分割的一部分。

第六，想方设法提高高校大学生的思想觉悟，提高他们自身的修养。国家、学校、社会可以为当代高校大学生思想政治教育提供一个良好的社会环境。但是这在马克思主义看来，良好的环境仅仅是外因，它只能通过内因间接地起作用。所以加强高校大学生思想政治教育的关键在于提高其自身的修养，这是问题的关键，一个良好的心理条件的形成是多方面综合作用的结果，努力创造条件提高他们的思想觉悟，进行爱国主义教育、集体主义教育、社会主义教育。提高自身的修养，努力克制各种错误思想的腐蚀，做一名合格的大学生。

　　高校大学生是国家未来的栋梁之材，他们的思想政治觉悟和综合素质对国家的发展具有重要影响。高校大学生思想政治工作以马克思主义为指导，传达社会主义核心价值观和中国特色社会主义理论体系，引导和培养学生正确的价值观念和道德品质，塑造他们的全面发展和社会责任感，为国家的繁荣与进步培养合格的社会主义建设者和接班人，促进和谐校园环境的建设，提升国家的综合竞争力。

第七节　网络伦理与责任意识教育

一、微课程的设计

　　首先，设计微课程的重点在于内容的创新与精练。微课程相较于传统课程，更注重信息的浓缩与高效传达。在此类课程中，关于网络伦理与责任的教学内容将以精短的视频形式展现，视频中需要包含网络伦理规则、网络行为的影响以及个人网络责任等核心内容。其次，微课程的设计应注意与学生的日常生活紧密结合。例如，可以引入学生在使用网络过程中常遇到的具体问题，如个人隐私保护、版权尊重、网络欺凌等，让学生在解决具体问题的过程中学习和理解网络伦理与责任。再次，为了方便学生随时随地学习，微课程应尽量使用各种全媒体平台进行分享。比如，可以通过学校官方网站、学习管理系统（LMS），甚至是学生常用的社交媒体平台进行课程发布。这样，学生在浏览这些平台时，都能方便地接触和学习到这些课程内容。另外，微课程还可以设计一些互动环节，以增加课程的趣味性和吸引力。比如，课程中可以设置一些小测试或者互动问答，让学生在参与互动的同时，检验和巩固自己的学习成果。最后，微课程的设计还应考虑到学习效果的评估。可以设置一些作业或者项目，让学生在完成这些任务的过程中，将所学知识应用到实践中，同时，教师也能通过这些任务，了解并评估学生的学习效果。

二、实际案例分析

首先，实际案例分析是一种有效的教学方法，尤其在网络伦理与责任意识教育中，它的重要性更为突出。通过分析真实发生的网络事件，学生可以更直观地理解网络伦理规则的实际意义，了解网络行为对自己和他人可能产生的影响，以及在网络环境中应承担的责任。其次，在挑选案例时，我们应注重案例的典型性和教育性。案例可以来自新闻报道、法律案例，甚至是网络上的实际事件。应选择那些涉及网络伦理和责任问题，且能引起学生共鸣的案例，这样才能更好地引起学生的关注和思考。再次，分析案例时，教师可以引导学生从不同角度进行思考，例如从网络用户、网络服务提供者、社会公众等不同角度，考察网络行为的影响和责任。这有助于培养学生全面、深入地思考问题的能力。另外，除了课堂讨论，也可以通过其他形式进行案例分析，例如写案例分析报告、制作案例分析演示文稿等，这既能锻炼学生的写作和表达能力，也有助于加深他们对案例的理解。最后，实际案例分析也是检验学生网络伦理与责任意识的有效方式。通过学生对案例的分析和讨论，教师可以了解学生对网络伦理规则的理解程度，对网络行为后果的认识程度，以及他们在面对网络伦理问题时的决策能力。

三、线上情景扮演

首先，线上情景扮演是一种模拟性学习方法，它能够将学生置于虚拟的网络环境中，面对设定的网络伦理决策情境。在这个过程中，学生不仅可以理解网络行为的影响，而且可以学习如何在网络环境中做出伦理决策。其次，进行线上情景扮演时，可以在虚拟的平台上进行，如模拟的社交媒体环境、虚拟聊天室、模拟的网络公共空间等。学生扮演不同的角色，比如网络用户、社交媒体管理员、网络服务提供商等，从而更全面地理解网络环境中的伦理决策。再次，情景的设定要紧贴现实，可以涵盖网络欺凌、信息安全、版权问题、隐私保护等多方面的内容。在情景设定中，教师需要考虑到学生的年龄、知识背景以及网络使用习惯，保证情景的针对性和适宜性。另外，情景扮演结束后，教师需要引导学生进行反思，分析他们在扮演中的行为，以及可能的结果。反思的过程将有助于学生内化他们在扮演中的体验，转化为他们的网络伦理和责任意识。最后，线上情景扮演也是一种动态的、参与性强的学习方式，它能够激发学生的学习兴趣，提高他们的参与度，使他们在实践中学习和提高。

四、网络行为挑战

首先，我们要明确网络行为挑战的目标。如，"一周无网络欺凌挑战"的目标可能是帮助学生认识到网络欺凌的危害性，并促使他们在自己的网络行为中避免参与欺凌行为。"安全网络使用挑战"可能要求学生一周内避免点击不安全的链接，或者保护自己的密码不被他人获得。这些挑战目标应明确易懂，让参与者明白自己所需要完成的任务。其次，教师和教育工作者需要为学生提供充分的网络行为教育和支持。比如在挑战开始前，教师可以提供一些关于网络安全、隐私保护和良好网络行为的教育资料，并定期给家长反馈他们的表现和进步。这样可以帮助学生了解并遵守网络行为规范，同时也能让他们在挑战过程中获得成就感。再次，网络行为挑战的过程和结果可以通过全媒体平台进行分享和展示，以鼓励学生的参与。学生可以通过文字、图片或视频等形式记录自己的挑战过程，也可以分享他们在挑战过程中的所思所感和学到的知识。这种公开的分享和展示不仅能够增加活动的互动性和趣味性，还可以让更多的人了解到网络伦理和责任的重要性。另外，评估是挑战的重要环节。教师应定期检查和评估学生的网络行为，提供积极有效的反馈，帮助学生了解自己的优点和不足，并给予改进的建议。优秀的表现可以通过公开表扬或奖励的方式进行激励。最后，为了持续提升学生的网络伦理和责任意识，可以定期举行类似的挑战活动，让学生在不断的实践中学习和进步。

五、网络公民计划

首先，高校可以通过设立"网络公民计划"，鼓励并引导学生成为网络公民，让他们积极参与到网络社区的建设，如反对网络欺凌、提倡网络安全等。这一计划应具有明确的目标、清晰的路径和持续的跟踪反馈。其次，教育工作者和学生可以共同策划并实施一些线上志愿服务活动。例如，可以组织网络安全宣传周，让学生利用各类社交媒体发布和分享网络安全相关的内容；或者设立网络素养教育活动，邀请学生创作和分享关于网络素养的视频、文章等。这些活动旨在帮助学生明白网络环境也是他们的社区，他们也应该承担起建设和维护这个社区的责任。再次，高校可以设立网络公民荣誉系统，对积极参与网络公民计划的学生进行表彰和奖励。这种荣誉可以是课程学分、证书、奖品等，目的是鼓励更多的学生参与进来，从而形成积极的网络行为氛围。另外，学校可以通过与其他机构合作，提供给学生更多的学习和实践机会。比如，可以和当地的社区中心、公共图书馆、非营利组织等合作，让学生参与到他们的网络公益项目中去，从而获得更丰富的经验。最后，为了确保网络公民计划的有效性，学校需要定期对项目进行评估和改进。这可以通过收集学生的反馈、分析项目的执行情况以及学生的行为变化等方式进行。这些评估数据可以帮助学校了解项目的优点和不足，以便进行必要的调整，使得网络公民计划更符合学生的需求，更有助于提升他们的网络伦理和责任意识。

六、网络伦理竞赛

首先，组织网络伦理竞赛是一种有效的教学方法。这种竞赛活动可以设计为网络伦理知识竞赛、网络行为案例分析比赛等形式。比如，网络伦理知识竞赛可以设立网络伦理知识问答、网络行为判断等环节，让学生在竞赛中学习和复习网络伦理的相关知识。其次，这种竞赛可以提高学生们的参与度和学习兴趣。通过组队参赛，学生可以与队友一起研究、学习和讨论网络伦理的相关问题，增强他们的团队协作能力。同时，竞赛的形式也可以激发他们的竞争意识，提高他们的学习积极性。再次，为了确保竞赛的公平性和公正性，需要设置专门的裁判团队，由网络伦理的专家和教师组成，他们可以根据预先设定的评分标准，对参赛队伍的表现进行评价和评分。另外，为了增加竞赛的影响力，可以将竞赛的过程和结果通过学校的全媒体平台进行直播或者发布，让更多的学生和老师了解和参与到这个活动中来。最后，赛后，组织者可以根据学生的表现和反馈，对竞赛的内容和形式进行总结和反思，以便进一步改进和优化竞赛的设计，更好地发挥其在网络伦理教育中的作用。

第八节　媒介素养教育

一、媒介素养课程

首先，媒介素养课程是一门专门为提升学生媒介素养设计的课程。这门课程以全面提高学生理解和使用各类媒体的能力为目标，课程内容涵盖理论和实践两个部分。在理论部分，课程将教授学生关于传统媒体和新媒体的基本知识，如它们的定义、发展历程、特点和区别等。此外，课程还会教授学生如何理解信息的传播过程和解码策略，以及媒体的社会影响等内容。在实践部分，课程将通过案例分析、小组讨论、模拟实验等教学方式，让学生亲身体验和参与到信息的传播和解码过程中来。这种实践性的教学方式不仅可以帮助学生将理论知识应用到实际情境中，还可以训练他们的批判性思考能力和问题解决能力。其次，为了确保课程的效果，课程的设计和实施需要考虑到学生的学习需要和兴趣，以及当前媒体环境的特点。例如，可以根据学生的反馈和建议，定期调整和优化课程内容；也可以邀请业内专家和实践者来给学生做专题讲座，分享他们的专业知识和实践经验。再次，评估是课程设计的重要环节。除了常规的期中和期末考试，也可以通过课程论文、项目报告、口头报告等方式，全面评估学生的学习成果。另外，为了让更多的学生了解和参与到媒介素养教育中来，可以通过全媒体平台，如学校网站、社交媒体等，进行课程的宣传和推广。最后，媒介素养课程不仅是教授学生媒介知识的平台，也是培养学生媒介责任感、批判性思维和创新精神的重要途径。因此，我们应该重视并投入更多的资源，来开展和完善这项教育工作。

二、媒体批判训练

首先，媒体批判训练是一种主要通过分析、比较和批评媒体内容，培养学生批判性思考和独立分析问题能力的教育活动。这项训练关注媒体的生产、传播和接收过程，尤其关注媒体信息如何影响公众的知识、态度和行为。其次，媒体批判训练的具体方式可以有很多种。例如，教师可以设计一些媒体分析活动，让学生对比和分析不同媒体的新闻报道，以此了解同一事件在不同媒体中的呈现方式和焦点，理解媒体的选择和塑造的力量。或者，教师可以让学生选择一个热点新闻，研究和讨论它在各媒体中的报道策略和公众反应，以此提高他们的批判性思维和媒体分析能力。再次，为了提高训练的效果，教师可以引导学生使用专业的媒体分析工具和理论框架进行分析。例如，可以引导学生使用议题框架理论、叙事理论等，进行深度的媒体分析。同时，教师应该鼓励学生从多角度、多层面对媒体进行批判，包括媒体的内容、形式、观点、背后的价值观、利益关系等。另外，训练的过程和结果可以通过全媒体平台进行分享和交流，比如学校网站、课程论坛、社交媒体等。这既可以让更多的学生参与到训练中来，又可以让他们看到多元的思考和分析视角，从而开阔他们的思维。最后，媒体批判训练是一项系统性和持续性的教育活动。只有通过持续地实践和思考，学生才能形成独立的媒体批判能力。因此，我们应该将这项训练融入各类课程和活动中，如语文课、历史课、社会科学课、学校论坛、社团活动等。

三、网络实证研究

网络实证研究是一种以网络数据为基础，运用科学方法对网络言论、网络行为进行观察、记录和解释的研究方法。通过这种研究，学生不仅可以了解和掌握科学研究的基本步骤和技巧，还可以对网络环境下的人类行为有深入地理解。

具体的实证研究活动可以分为以下 4 个步骤。

1.学生需要确定研究的主题和问题，比如"网络欺凌的现象和后果""社交媒体上的言论自由和公共讨论"等。

2.学生需要收集和整理相关的网络数据，这可以通过网络工具和数据库完成。例如，学生可以使用网络爬虫工具收集社交媒体上的公开言论，也可以通过调查问卷收集用户的网络行为数据。

3.学生需要对收集的数据进行分析和解读，这通常需要运用统计学、文本分析等技术。

4.学生需要写出研究报告，对研究结果进行总结和反思。

网络实证研究不仅可以提高学生的研究技能，也有助于提升他们的媒介素养。通过研究，学生可以直观地看到网络言论、网络行为的现状和影响，可以更深入地理解网络伦理、网络规范，也可以提高他们对网络信息的批判性分析能力。另外，网络实证研究的过程和结果可以在全媒体平台上进行分享和交流。这样，学生们不仅可以相互学习，也可以受到来自各方面的反馈和指导，从而更好地进行研究。

网络实证研究也是一项持续性的活动。学生应当被鼓励和指导在不同的课程和活动中，对不同的网络问题进行实证研究，形成一个持续的、个性化的学习过程。

四、推出"数字护照"项目

首先，"数字护照"项目是一种教育方法，它的目标是通过系统性地记录和评估学生的在线行为，来提高学生的媒介素养和网络安全意识。具体而言，每一个学生都将获得一个"数字护照"，这个护照将记录他们在课堂上、在学校网络环境中的所有行为。其次，为了运行这个项目，学校需要构建一个数字行为跟踪和评估系统。这个系统需要能够收集学生在学校网络环境中的所有行为数据，包括他们访问的网站、发布的信息、交流的内容等。然后，系统需要有一套标准，根据这套标准，系统可以自动或人工地对学生的行为进行评估，然后将评估结果记录在他们的"数字护照"中。再次，学生的"数字护照"可以作为他们网络行为的反馈机制。如果学生的行为违反了网络伦理或安全规则，他们的"数字护照"将被记上一笔，并给予相应的警告或处罚。这种立即的反馈不仅可以提醒学生注意他们的网络行为，也可以促使他们主动改正错误。另外，"数字护照"也可以作为学生网络行为的奖励机制。比如，学校可以根据"数字护照"上的行为记录，来评选每个月的"网络公民模范"，并给予他们相应的奖励。这样，学生会更积极地遵守网络规则，提高自己的网络行为素质。最后，运行"数字护照"项目需要全体师生的参与和配合。教师需要负责指导学生如何正确地使用网络，解答他们在网络行为中遇到的问题；学生则需要认真对待自己的"数字护照"，并主动参与到网络伦理和安全的学习中去。

五、搭建学生自媒体平台

首先，自媒体平台是提升学生媒介素养的重要工具。在自媒体平台上，学生不仅是内容的消费者，更是内容的创作者和发布者。他们能够直接参与到信息的生产、编辑和传播过程，体验媒体信息的全流程，这有助于提升他们对媒体信息生产和传播的理解。其次，通过运营自媒体平台，学生可以亲身体验到信息在网络空间的传播规律，更深入地理解信息的传播与解码，提升对信息传播的批判性思考能力。例如，他们可以观察到同样的信息在不同平台、不同时间发布可能会有不同的反馈，从而理解信息传播中的环境、时间、语境的影响。再次，运营自媒体平台可以帮助学生更好地理解和运用媒体伦理和法规。他们需要在实践中考虑如何合法、合规、合情、合理地发布信息，如何避免网络欺诈，如何尊重他人的隐私等。这种经验可以使他们在网络空间有更高的责任意识和道德素养。另外，自媒体平台也可以作为教学内容的一部分，教师可以结合具体的运营案例，对媒体运营流程、媒体策略、媒体伦理等进行讲解和分析，使学生在实践中提高对理论知识的理解和应用。最后，自媒体平台的运营可以帮助学生提升多媒体技能。例如，他们需要学习如何撰写新闻稿、如何编辑视频、如何设计图像等，这些都是在全媒体时代非常重要的技能。

六、开展反欺诈模拟

首先，网络欺诈是现代社会普遍存在的问题，尤其是在全媒体时代，网络欺诈的形式和手段更加多样和隐蔽。通过反欺诈模拟，学生可以直观地了解和识别各种网络欺诈的手段，提高防范网络欺诈的能力，保护自己的网络安全。其次，反欺诈模拟可以提升学生的信息评估和批判性思考能力。在模拟活动中，学生需要评估各种信息的真实性，判断是否存在欺诈。这种信息评估和批判性思考的能力，对于他们理解信息传播，区分真假信息都非常重要。再次，通过反欺诈模拟，学生可以理解网络欺诈的后果和对社会的影响，增强他们的网络道德和伦理意识。这可以让学生了解自己的网络行为不仅影响自己，也会影响到他人和社会，从而培养他们的网络责任意识。另外，教师可以结合反欺诈模拟，讲解相关的法律法规，如网络欺诈的定义、处罚等，使学生了解和遵守网络法律法规，提升他们的法治意识。最后，反欺诈模拟活动也是一种有效的社区服务和公共教育方式。学生可以把学到的知识和经验分享给更多的人，提高整个社区对网络欺诈的防范意识，这也是对他们公民素养的培养。

七、媒体实践社团

首先，参与媒体实践社团能够使学生直接参与到媒体制作和运营的实际操作中。学生可以通过参与新闻报道、摄影摄像、短视频制作等活动，亲身体验媒体制作的全过程。这种直接的实践经验有助于他们更好地理解媒体传播的机制和流程。其次，媒体实践社团常常需要与其他团体或机构进行合作，这让学生有机会接触到各种真实的媒体沟通和协调场景，从而提升他们的团队合作和沟通能力。同时，也有助于他们理解在现实媒体环境中需要遵循的行为准则和伦理规范。再次，媒体实践社团的活动往往涉及一系列的内容创新和问题解决。这需要学生不断地进行创新思维和批判性思考，从而提升他们的创新能力和批判性思维能力。另外，媒体实践社团的活动往往需要广大的观众，因此学生需要了解如何有效地推广和传播他们的作品，这也有助于提升他们的媒体推广和传播能力。最后，媒体实践社团也可以提供一个让学生展示他们的才华和作品的平台，使他们在社区中得到认可，提高他们的自信心和满足感，也使他们更愿意参与到媒体活动中，从而更好地提升他们的媒介素养。

第七章　全媒体时代高校思想政治教育的方法创新

第一节　网络环境优化法

一、用社会主义核心价值体系引领网络文化

社会主义核心价值体系是构建和谐社会的重要内容，是指导我国社会发展的基本准则。而网络文化作为当今社会主流文化形态之一，对社会主义核心价值体系的传播和实践起到至关重要的作用。在全媒体时代，高校思想政治教育应运用社会主义核心价值体系引领网络文化，主要通过以下三种方式进行。

（一）内容建设

首先，需要积极创造符合社会主义核心价值体系的网络文化产品。内容可以是网络文章、短视频、线上讲座，或者网络课程等，这些都是向学生介绍和传播社会主义核心价值体系的有效载体。通过这种方式，可以在网络空间中播种价值观，引导学生主动去了解和接纳社会主义核心价值体系。其次，要全面推广这些网络文化产品。利用互联网强大的传播能力，可以让更多的人接触到这些符合社会主义核心价值体系的网络文化产品。无论是在社交媒体上分享，还是在网站上进行展示，都可以让这些价值观得到广泛传播。再次，要定期更新这些网络文化产品。网络文化的发展速度非常快，需要随时关注最新的网络文化趋势，定期更新网络文化产品，以确保它们的时效性和

吸引力。另外，要注重网络文化产品的质量。只有高质量的网络文化产品，才能真正吸引学生，引导他们去深入理解和接受社会主义核心价值体系。因此，在创建网络文化产品的过程中，充分挖掘其教育意义，确保它们既有趣味性，又有深度。最后，通过网络文化产品，让社会主义核心价值体系融入学生的日常生活。可以通过创造一些与学生生活密切相关的网络文化产品，让他们在日常生活中自然地接触和理解社会主义核心价值体系，使这些价值观真正成为他们行为的指导。

（二）舆论引导

首先，积极利用网络平台进行舆论引导是必不可少的。网络平台具有广泛的覆盖面和快速的传播效率，定期在这些平台上发布关于社会主义核心价值体系的讨论和解读，能够有效地引导公众舆论向积极健康的方向发展。其次，倡导网络言论文明至关重要。在网络空间中，应始终鼓励积极、建设性的言论，同时坚决抵制网络谣言和负面信息。这种良好的网络言论氛围，有助于营造更加健康的网络环境，更好地传播社会主义核心价值体系。再次，提供多元的舆论表达平台是十分必要的。为了能让更多人参与到关于社会主义核心价值体系的讨论中来，应提供各种形式的舆论表达平台，如网络论坛、社交媒体、在线调查等。这些平台可以让每个人都有机会发声，表达自己对社会主义核心价值体系的理解和认同。另外，定期组织线上讨论活动也是很好的舆论引导方式。通过定期组织关于社会主义核心价值体系的线上讨论，可以让更多的人有机会参与到讨论中来，提高他们对社会主义核心价值体系的理解和接受度。最后，提升网络舆论的引导质量是一个长期而持续的任务。应不断对网络舆论的引导进行反思和总结，不断提高其引导质量，使其真正成为传播社会主义核心价值体系、引导网络文化健康发展的重要力量。

（三）互动体验

首先，线上线下的交流活动为互动体验提供了绝佳的平台。通过主题论坛、网上展示、网络竞赛等方式，使学生在实际参与的过程中对社会主义核心价值体系有更深入的理解和感悟。其次，通过实践活动提供生动的互动体验。比如，通过组织公益活动、实地考察等方式，让学生在实践中感受和实践社会主义核心价值体系，从而更好地理解和接纳这些价值观。再次，利用数字技术提供沉浸式的互动体验。例如，通过虚拟现实（VR）、增强现实（AR）等技术，创造丰富多彩的互动体验，使学生能够在生动有趣的体验中，感知社会主义核心价值体系的魅力。另外，充分利用社交媒体进行互动体验。在社交媒体上发布关于社会主义核心价值体系的主题讨论，鼓励学生积极参与，通过互动讨论，提高他们对社会主义核心价值体系的认识和接受程度。最后，持续优化互动体验是关键。需要持续收集反馈意见，根据学生的反馈和需求，不断调整和优化互动方式和内容，以提供更好的互动体验，更有效地引导他们理解和接纳社会主义核心价值体系。

二、创设良好的全媒体舆论生态环境

全媒体舆论生态环境是指由传统媒体与新兴媒体（如网络、社交平台、移动应用等）共同构成的舆论环境。创设良好的全媒体舆论生态环境，有利于形成更为健康、和谐、积极的社会氛围，对于高校思想政治教育的进行具有重要意义。以下是具体的实践方式。

（一）优化信息传播机制

首先，全媒体时代高校思想政治教育的方法创新中，优化信息传播机制是非常关键的一步。这包括整合各类媒体资源，无论是传统的媒体还是新兴的媒体，如网络、社交平台、移动应用等，使得信息内容可以实现跨平台、跨渠道的传播。这样做达到的实际效果是提高了信息的覆盖率和影响力，让更多的人能够接触到准确、有效的信息。其次，建立高效的信息反馈机制同样是重要的一环。这一机制能够让公众的意见和建议被听取并考虑进来，对传播的内容和方式进行及时优化调整。这种互动性的机制对于传播的有效性至关重要，它能够让传播者了解信息是否被正确理解，是否达到预期效果，以及公众对信息有何反馈和看法，进而进行必要的优化和调整。另外，全媒体环境的特性使得信息传播的方式也需要进行相应的改变。这时候，利用新媒体的互动性就显得尤为重要。比如，通过设置在线问答、评论互动等环节，可以实现与公众的即时互动，让信息传播更具有针对性和实效性。最后，除了利用新媒体的互动性，还需要根据实际情况对传播的内容和方式进行灵活调整。这种调整既包括对信息的精细化处理，以适应不同平台、不同用户的需求，也包括对传播方式的创新，比如通过故事化、情景化的方式，增强信息的吸引力和影响力。这样的优化，既能提高信息的覆盖度和深度，也有助于营造良好的全媒体舆论生态环境，进一步推动高校思想政治教育的深入进行。

（二）强化正面舆论引导

首先，积极传播社会主义核心价值观是正面引导的重点。这涉及制作与发布与社会主义核心价值观紧密相关的新闻报道和公众话题，从而在学生中深入灌输社会主义核心价值观，帮助他们树立正确的世界观、人生观和价值观。其次，利用全媒体的各种渠道，发表和分享积极、健康的信息和观点，引导公众朝着正面的方向思考和行动。这一过程中，要重点倡导网络文明，积极抵制网络暴力和网络谣言，提升公众的网络素养。另外，可以运用各种教育活动和公共讨论等方式，进一步引导公众，特别是学生形成健康积极的思想观念。比如，通过组织在线辩论、讨论、问答等活动，让学生们在实践中理解和接受社会主义核心价值观，树立正确的舆论导向。最后，要抓住新媒体的特性，运用更加直接、生动的方式来引导公众。这可以通过创建有影响力的社交媒体账号，定期发布积极的内容，或者制作有教育意义的视频、动画、游戏等，这些都是有效引导公众，特别是年轻人形成正面观念的有力工具。

（三）建立监管制度

首先，全面了解并依据国家法律法规是建立有效监管制度的基础。这不仅包括网络信息安全、个人隐私保护等相关法律，还包括针对教育场景的具体法规。同时，这也要求有专门的法律顾问团队，对网络信息进行定期的法律审查，保证所有信息的发布、传播都在合法合规的范围内。其次，要设立专门的网络信息监管部门，这个部门需要具有专业的知识和技能，包括但不限于网络信息管理、数据安全、网络行为规范等。这个部门的职责包括但不限于实时监控网络信息，对疑似违法违规的信息进行初步审查，并且在发现确实存在问题信息后，能够立即采取措施，比如删除信息、封锁账号等。另外，高校需要建立一套针对不良网络信息的应对机制。当发现不良信息时，除了立即删除，还需要根据情况，采取包括但不限于公告澄清、法律追责等措施。此外，如果涉及学生的网络行为问题，也需要及时进行教育和引导，使其认识到错误，并且预防类似问题的再次出现。最后，除了对网络信息进行监管，还需要定期对全体用户进行网络素养和信息安全的教育。这包括但不限于网络礼仪、隐私保护、抵制虚假信息等内容。这样做的目的是，一方面提高用户的网络素养；另一方面也是通过预防的方式，减少不良网络信息的产生。

第二节　立体式思想政治教育方法

一、新媒体与传统教育优势互补

新媒体和传统教育在思想政治教育中具有各自独特的优势，通过有效结合，可以产生互补效应，从而更好地实现教育目标。

（一）新媒体优势

在当今这个高度数字化的世界，新媒体在思想政治教育中的优势是不可忽视的。首先，新媒体的普及率极高，它可以穿透地理限制，有效扩大教育的覆盖范围。无论是城市还是农村，无论是学校还是家庭，只要有网络连接，新媒体都能将最新的教育资源传递给学生。其次，新媒体的互动性强，能更好地引发学生的参与感和主动性。比如，许多新媒体平台允许用户进行实时反馈，学生可以提问，表达观点，进行讨论，从而使学习过程变得更加生动有趣。这种多元化的学习方式也更易于激发学生的学习热情。再次，新媒体丰富的多媒体特性，使得信息传递更加生动和直观。文本、图片、音频和视频等多种形式的组合，使得复杂的思想政治概念能以更易理解、更吸引人的方式呈现出来。这种生动的信息表达方式，可以提高学生对于思想政治知识的吸收和理解。最后，新媒体的时效性强，可以迅速反应时事，使学生更好地联系实际，理解并应用所学的思想政治理论。实时更新的新闻、评论和案例分析，使学生能及时地接触到最新的社会动态，从而将理论与实际相结合，增强教育的针对性和实效性。

（二）传统教育优势

首先，传统教育注重师生之间的直接交流和互动，这种面对面的沟通模式有助于深化教师对学生的理解，更精准地满足学生的学习需求。同样，学生也能从教师的言传身教中获得更多的启示和引导。这种人与人之间的直接联系，能培养学生的社交能力，同时也有助于塑造他们的道德价值观。其次，传统教育严谨的教学流程和结构化的课程设计使得学习更为系统和深入。每一堂课都经过精心设计，从基础知识到高级理论，每一部分都按照逻辑顺序展开，这有助于学生建立完整的知识体系，加深对思想政治理论的理解。再次，传统教育更容易营造集体学习的环境，这种集体学习的氛围不仅可以培养学生的团队合作精神，还可以通过同伴间的相互学习和互助，促进学生之间的竞争和合作，从而提高学习效率。最后，传统教育的评价和考核方式较为全面和公正，不仅可以评价学生的知识掌握情况，还可以评价他们的行为表现、团队协作能力以及解决问题的能力等。这些评价方式可以有效地激励学生努力学习，以达到更高的学习目标。

（三）新媒体与传统教育优势互补的实现方式

1.教学资源互补

首先，可以通过在线平台提供丰富的学习资源。这些资源包括但不限于电子书籍、教学视频、实时新闻、在线讲座和网页链接等。这些不同类型的资源可以满足学生不同的学习需求，提供丰富的学习材料，从而帮助学生自主学习。其次，教师可以根据学生的学习进度和能力，提供适当的指导和帮助。例如，教师可以选择和推荐高质量的在线资源，为学生制定个性化的学习计划，通过线上和线下的讨论和交流，帮助学生理解和消化新的知识和信息。再次，教师和学生可以利用新媒体平台进行互动交流。例如，教师可以通过在线论坛或聊天工具，回答学生的问题，收集学生的反馈，调整教学计划和方法。学生也可以通过这些平台，分享自己的学习心得和体会，与其他学生进行讨论和交流。最后，可以通过线下的实体教材和教师的面对面教学，结合在线的学习资源，实现教学方法的多样化。例如，教师可以在课堂上讲解基础知识，然后让学生在课后通过在线平台，阅读相关的文章，观看相关的视频，完成相关的作业，从而进一步巩固和拓展课堂上的知识。

2. 教学模式互补

首先，可以创建一个混合学习环境，将线上和线下的教学活动结合起来。例如，教师可以在课堂上讲解基础概念，然后让学生在课后通过在线学习平台完成相关的阅读和作业。其次，可以利用新媒体的互动功能，提高学生的参与度。例如，可以通过在线讨论区，让学生参与课堂讨论，或者使用在线测验工具，让学生自我测试学习效果。再次，可以利用新媒体的灵活性，提供个性化的学习体验。例如，可以为每个学生制订个性化的学习计划，提供多种学习资源供学生选择，或者根据学生的学习进度和效果，提供个性化的学习建议和反馈。最后，可以利用传统教育的面对面教学优势，确保学生能深入理解和掌握知识。例如，教师可以在课堂上详细解析复杂的概念，解答学生的疑惑，或者通过实际操作和示范，帮助学生掌握实践技能。

3. 评估方式互补

首先，在线测试和实时反馈是新媒体在评估方面的优势。例如，教师可以在课程结束后，通过新媒体平台发布在线测试，学生可以根据自己的进度和时间安排完成这些测试。这样，教师就能立即获取到学生的学习效果和反馈意见，以便适时调整教学策略。同时，学生也可以通过在线测试及时了解自己的学习状况，发现并弥补自己的知识盲点。其次，传统的评估方式，如作业、报告、考试等，也仍然是必不可少的。这些评估方式通常需要学生深入思考，展示他们的理解和创新，从而使教师更全面地了解学生的学习效果。教师可以结合学生的作业和考试成绩，以及课堂表现等信息，对学生的学习效果进行全面的评估。最后，可以通过结合新媒体的在线评估和传统的线下评估，实现评估方式的互补。例如，教师可以根据在线测试的结果，调整线下教学的内容和方法，以帮助学生改善他们的弱点。同时，教师也可以将线下的作业和考试成绩反馈给学生，以便学生调整自己的学习策略和计划。

二、教育与自我教育结合

（一）激发自我学习动力

首先，教师需要让学生明白思想政治教育的重要性。它不仅可以帮助他们形成正确的世界观、人生观和价值观，更可以提高他们的思维品质，为未来的生活和工作打下坚实的基础。同时，将复杂的思想政治理论知识联系到学生的实际生活中，可以更好地引起他们的学习兴趣。例如，让学生去思考生活中的实际问题，如环保、公平正义等，这些都是思想政治教育的重要内容。其次，教师应该运用各种有趣的教学方法，如互动讨论、角色扮演等，使学习过程充满趣味性和参与性，让学生在愉快的氛围中提高学习的热情。这种教学方式不仅可以激发学生的学习动力，也有利于他们在实践中理解和掌握知识。最后，建立学生的成长目标和期望，与他们共享成功的喜悦也是激发学习动力的有效方法。每个人都希望自己的努力可以得到回报，对未来有所期待，这种期待感可以成为强大的内在驱动力，推动他们主动学习。

（二）培养独立思考能力

首先，要教导学生理解和掌握问题解决的基本步骤和技巧，如逻辑推理、因果关系分析等，让他们在面对问题时，能够有独立思考，分析问题的能力。教师在授课时，可以采用案例分析、小组讨论等方式，让学生们在讨论中学习到如何分析问题、找寻问题的根源，从而提高他们的独立思考能力。其次，挑战性的任务和问题是培养独立思考能力的重要手段。学生在面对挑战和困难时，需要运用自己的知识、经验和技能去解决问题，这不仅可以激发他们的思考能力，还可以帮助他们建立信心。此外，激发学生的好奇心和探索精神，也是培养独立思考能力的有效途径。让他们在学习中充满好奇心，愿意去尝试新的事物，去探索未知的世界，从而培养他们独立分析和解决问题的能力。最后，培养学生自我反思的习惯也非常重要。让他们在学习过程中，能够反思自己的行为，评估自己的想法，以此来提高他们的独立思考能力。

（三）提供自我学习资源

对于提供自我学习资源，首先要考虑的是各种书籍、教科书和参考资料。这些书籍和资料能提供丰富的知识内容，帮助学生系统地理解和掌握思想政治教育的基本理论和主要观点。在数字化信息时代，网络资源也是一种重要的自我学习资源。各种在线教育平台、数字图书馆、知识分享网站等，都可以提供丰富的学习材料，让学生在家里就能进行深入的学习和研究。此外，还可以提供一些互动的学习资源，比如在线讨论群、学习社区等，这些平台可以让学生与其他人交流心得，分享经验，共同解决问题。这样不仅可以提高学生的学习兴趣，也能让他们在交流和合作中提高自己的思考和解决问题的能力。

（四）鼓励自我表达

首先，可以为学生创造安全的、支持的环境，让他们不惧怕犯错误或受到批评。在这样的环境中，学生们会更愿意表达自己的想法，而且他们也会更愿意尝试新的思考方式。其次，可以通过具体的活动来鼓励学生表达自己的观点，比如通过组织辩论、演讲比赛等。在这些活动中，学生们可以将他们对某个话题的看法或观点表达出来，这不仅可以帮助他们锻炼自己的思维和表达能力，还能增强他们的自信心。此外，鼓励学生利用各种数字工具进行自我表达也是非常有效的。例如，他们可以写微博、发动态、录制视频，甚至制作自己的数字艺术作品。这些工具可以让学生们在舒适的环境中自由地表达自己的观点，而且还能让他们了解到，他们的观点可以通过这些方式被更多的人看到和理解。

三、线上教育与线下教育结合

全媒体时代高校思想政治教育的立体式方法中，线上教育与线下教育的结合是一种重要的教育方式。这种方式旨在充分利用新媒体的优势，同时保留传统教育的有效元素，使得教学更具有互动性、灵活性和多样性。

（一）翻转课堂

在翻转课堂的教学模式中，学生在课堂之外的时间通过线上资源进行自主学习，包括阅读相关文献、观看教学视频、完成网上课程等，以此理解并掌握基础知识。这样做的目的是让学生在课堂之外利用自己的时间进行基础知识的学习，从而为课堂上的深入学习和讨论做好准备。然后，在课堂上，学生们可以通过小组讨论、案例分析等方式深入理解和运用这些基础知识。教师在这个阶段的角色通常是指导者和协助者，他们通过提问、引导讨论、给予反馈等方式帮助学生更深入地理解知识，发现和解决问题。因此，课堂时间主要用于深化理解，提升思考和解决问题的能力，而不再是传统意义上的知识传授。通过翻转课堂的模式，学生可以更加主动地参与到学习中来，提高他们的自主学习能力和问题解决能力。同时，它也能提高课堂效率，使得教师有更多的时间和精力去关注每个学生的学习情况，提供个性化的指导和帮助。

（二）混合式学习

混合式学习，又被称为混合教学或者混合式教育，是一种新型的教育方式，它将线上和线下的学习活动相结合，既有面对面的传统课堂教学，又有在线的自主学习。

在混合式学习的过程中，学生们可能首先在线上完成一些预习任务。例如，他们可能需要阅读一些相关的文章，观看一些教学视频，或者完成一些基础的练习题。这样的在线预习活动可以帮助学生提前了解和掌握一些基础知识，为之后的课堂讨论和深度学习做好准备。接着，学生们会在课堂上进行深度讨论和探索。这个阶段，教师可以指导学生分析和理解他们在预习阶段学习的内容，解答他们在学习过程中遇到的问题，同时也可以组织一些小组讨论、案例分析等活动，让学生们能够更深入地理解和应用所学的知识。最后，学生们可以再回到线上，进行复习和练习。他们可以通过在线测试、讨论论坛等方式，巩固他们在课堂上学到的知识，同时也可以通过这些方式来检查自己的理解和掌握程度。

混合式学习的优点在于，它既保留了传统课堂教学的优势，如教师的直接指导、学生之间的面对面交流等，同时也利用了在线学习的优点，如灵活的学习时间、丰富的学习资源等。这样的教学模式可以让学生在课堂外有更多的时间进行自主学习，同时也可以让课堂时间更加高效，更加注重深度学习和交流。

（三）实践项目

实践项目通常是在线下环境中进行的，而线上平台则是学生了解、接触到这些实践项目的主要方式。例如，教师可以在在线平台上发布一些实践项目的信息，包括项目的目标、任务、预期成果等。学生可以通过在线平台选择他们感兴趣的项目，然后在课堂之外的时间完成这些项目。在实施实践项目的过程中，学生需要运用他们所学的知识和技能，解决实际的问题。例如，他们可能需要设计和实施一次社区调查，或者策划和组织一次公益活动。这样的实践项目不仅可以增强学生的动手能力，也有助于他们将理论知识转化为实践技能。实践项目的执行过程也是一个学习和反思的过程。学生在实施项目的过程中，可能会遇到各种预想不到的问题和挑战，他们需要运用所学的知识，找出解决问题的方法。而在项目完成后，他们可以反思自己的行动和结果，从而深化对所学知识的理解，提高解决问题的能力。

（四）线上线下互动

常见的线上线下互动方式是利用在线论坛和问答平台。学生可以在课堂之外，通过这些平台与教师和同学们进行交流和讨论。例如，教师可以在论坛上发布一些思考题或讨论主题，学生可以根据自己的理解和观点进行回复和讨论。这种方式不仅可以延续课堂上的学习和讨论，也可以让学生有更多的时间和空间来深化他们的理解和思考。另外，利用社交媒体也是一种有效的线上线下互动方式。教师和学生可以在社交媒体上分享相关的信息、资源和观点，从而拓宽学习的内容和视野。例如，他们可以分享一些与课程相关的新闻、文章、视频等，也可以就这些内容进行在线的交流和讨论。还有，使用在线投票和问卷调查也是一种常用的线上线下互动方式。教师可以通过在线投票和问卷调查收集学生的意见和反馈，了解他们的学习需求和困惑，然后在课堂上进行针对性的讲解和讨论。

第三节　网络典型示范法

一、加强思想政治教育红色网站建设

在全媒体时代，网络平台成了人们获取和交流信息的重要渠道，而红色网站作为弘扬社会主义核心价值观、进行思想政治教育的重要载体，其建设的重要性不言而喻。以下是加强思想政治教育红色网站建设的五个主要方面。

（一）历史学习

首先，网站可以设立一个专门介绍国家历史上的重大事件，如抗日战争、中华人民共和国成立初期的改革措施等版块。这些内容可以通过文字、图片、音视频等多种形式进行呈现，以吸引学生的兴趣。其次，网站需要介绍重要的历史人物，如毛泽东、周恩来、邓小平等党和国家领导人的生平事迹，以及他们对国家和民族作出的伟大贡献。通过学习这些人物的历史，学生可以了解他们的精神品质和人格魅力，从而树立良好的道德榜样。同时，网站还可以提供一些重要历史文件的解读，如《共产党宣言》《毛泽东选集》等，让学生了解历史背景下的政治理论，提高他们的历史素养。另外，历史地图和

时间线能够帮助学生更清晰地理解历史事件的发展脉络。例如，可以通过地图来展示中华民族的疆域变迁，或者通过时间线来展示某个历史事件的发展过程。并且，可以设立一个历史题库，提供历史知识的测试和练习，帮助学生巩固所学知识，提高他们的历史学习能力。最后，鼓励学生在学习过程中提出疑问和观点，与其他学生进行讨论和交流，提升他们的批判性思维和解决问题的能力。

（二）价值观教育

首先，网站可以设立专门的解释和阐述社会主义核心价值观的内涵和实践的专题，如什么是富强、民主、文明、和谐，什么是自由、平等、公正、法治等，帮助学生深入理解这些价值观。其次，可以提供一些与社会主义核心价值观相关的真实案例，让学生在具体的社会背景中理解这些价值观。例如，可以分享一些人物的事迹，让学生从他们的行为中看到这些价值观的体现。另外，网站可以设立在线讨论区，鼓励学生针对某一社会问题进行讨论，引导他们运用社会主义核心价值观来分析和解决问题，提升他们的思考和批判能力。同时，网站可以分享一些有关社会主义核心价值观的书籍、电影、音乐等资源，让学生在娱乐中接受教育，提高他们的认同感和参与感。并且，可以鼓励学生将社会主义核心价值观落实到日常生活中，可以设立一些社区服务活动，让学生在实践中感受和体验这些价值观。最后，为了激发学生的学习热情和主动性，网站可以设立一些奖励和激励机制，如优秀讨论贡献者、社区服务积分等，以此来鼓励学生积极参与价值观教育。

（三）时政讨论

首先，可以在网站上设立一个时政新闻栏目，提供最新的国内外时事新闻，帮助学生及时了解社会发展的动态。除了提供新闻本身，还可以提供一些背景资料和专家解读，帮助学生理解新闻事件的背景和影响，提高他们的分析和判断能力。其次，可以鼓励学生对时政新闻进行讨论，分享他们的看法和观点，培养他们的批判性思维。同时，教师和专家也可以参与讨论，为学生提供专业的指导。另外，可以邀请专家或学者对某个时政话题进行讲解，然后邀请学生提问和发表评论，这样可以深化学生对于时政话题的理解，也可以提高他们的交流和表达能力。并且，学生可以在此提出关于时政新闻或话题的问题，专家和教师可以回答他们的问题，帮助他们解决疑惑，提高他们的学习效率。最后，可以设立虚拟的决策场景，让学生从政治决策者的角度思考问题，增强他们对政策制定的理解，提升他们解决问题的能力。

（四）在线问答

首先，学生可以在在线问答区提交自己在学习过程中遇到的问题，这些问题可以涵盖思想政治教育的各个方面，如历史知识、社会主义核心价值观、时政新闻等。其次，教师和专家可以根据自己的专业知识，对学生的问题进行详细而准确的回答。同时，也可以鼓励其他学生参与回答，增强他们的学习交流和合作。同时，为了提高学生的搜索效率，可以将问题进行分类和标签化，如按照主题分类、按照难易程度分类等。另外，网站可以根据学生的学习情况和兴趣，推荐一些相关的问题给他们，帮助他们拓宽学习视野，提高学习深度。对于一些具有高质量的问题和答案，可以进行推广和置顶，让更多的学生看到，提高学习效率。最后，为了激发学生的参与热情，可以设立一些积分奖励，如提问积分、回答积分、被采纳积分等，用于鼓励学生积极参与在线问答。

（五）多媒体资源

首先，网站可以制作一些关于思想政治教育的视频教程，如历史事件的解读、社会主义核心价值观的介绍等，这种方式直观生动，易于吸引学生的注意力。其次，网站可以邀请专家进行音频讲座，讲解一些复杂的理论知识，如马克思主义理论、中国特色社会主义理论等，学生可以在听的过程中理解和记忆这些知识。另外，可以利用动画或者3D模型，动态演示一些抽象的概念或者历史事件，如阶级斗争、社会主义建设等，这种方式可以帮助学生更好地理解和记忆。并且，还可以使用图片和图表展示一些数据或者信息，如中国的发展历程、社会主义核心价值观的内涵等，这种方式简洁明了，易于学生接受。最后，设计一些教育游戏，让学生在游戏中学习和实践，如模拟国家治理的游戏、社会主义核心价值观的问答游戏等，这种方式能增强学生的参与感和实践能力。

二、共建共享网络主题服务平台

网络主题服务平台在高校思想政治教育中起着关键作用，通过共建共享的方式，可以提高平台的资源效率，促进交流与合作，以下是具体的实施步骤。

（一）平台设立

首先，共建共享网络主题服务平台的设立环节中，包容性和开放性是核心原则。包容性意味着平台需要接纳所有形式和类型的思想政治教育资源，不论它们来自哪个高校或者具体的教师。开放性则意味着平台必须对所有希望贡献或获取资源的用户开放，不论他们是教师、学生，还是其他对思想政治教育感兴趣的人士。这样的设定有助于增强平台的吸引力，同时也鼓励更多的用户参与和贡献。其次，平台的内容需要丰富多样，以满足不同用户的需求，包括但不限于文章、视频、课程、研讨会等各类形式的教育资源。例如，文章可以提供深入的理论研究，视频和课程可以展示实际的教学方法和技巧，研讨会则可以提供实时的交流和讨论机会。这样的多元化设置可以吸引和服务不同需求的用户。再次，平台应设立论坛、直播、问答等功能，这些互动模块可以使教师和学生之间的交流更为深入和广泛。例如，论坛可以供用户发表观点、进行讨论，直播可以让教师分享教学经验，问答功能则可以帮助解答用户在学习过程中遇到的问题。最后，平台的设计和技术实现必须考虑到用户体验。这意味着平台的界面需要清晰易懂，功能需要易于操作，同时，技术实现上也需要保证平台的稳定性和高效性。此外，平台还应具有良好的扩展性，以便随着时间的推移，用户量的增长，以及技术的发展，平台能持续改进和优化。

（二）资源共享

首先，各高校需要积极地分享它们的教育资源。这些资源包括但不限于优质课程、教学视频、教学案例、研究报告等。每个高校都有其独特的优势和特色，通过分享，这些优质的教学资源可以为更多的用户所利用。其次，平台需要设定明确的资源上传和管理规则。例如，资源需要被适当地分类和标签化，以便用户能够方便快捷地找到他们所需的资源。同时，资源的版权也需要得到妥善保护和尊重，这包括对原创作者的明确标注，以及防止未经许可的资源复制和分发。再次，对于用户共享的资源，平台需要建立有效的审查机制。只有那些质量高、符合平台标准的资源才能被上传并供其他用户使用。这种审查机制可以帮助保证平台资源的质量，同时也可以鼓励用户分享高质量的教学资源。最后，平台需要提供方便的搜索和过滤工具，以帮助用户在海量的资源中找到他们所需要的信息。例如，用户可以根据资源的类型、主题、等级、作者等属性进行过滤和排序，从而快速找到他们感兴趣的资源。

（三）合作机制

首先，需要制定资源交换的规则和程序，明确哪些资源可以交换，交换的条件和流程是什么，以及如何处理可能出现的争议。资源交换不仅可以增加平台上的资源多样性，而且可以促进不同高校之间的合作和交流。其次，平台需要建立共享协议，共享协议是一份明确规定各高校如何贡献、使用和管理平台资源的文件。它为各高校提供了一个共同遵守的规则和指导，有助于维护平台的长期稳定运作。再次，定期举行研讨会是另一个重要的合作机制，研讨会可以是线上或线下的，可以邀请各高校的教师、学生、行政人员等参加。研讨会可以讨论各种主题，比如教学方法、课程设计、平台改进等。这不仅可以促进信息和经验的共享，也有利于建立和深化各高校之间的联系。最后，为了保持和增进各高校的合作关系，平台应有一个持续的、有组织的沟通机制，包括定期的会议、报告、反馈循环等，使所有参与者都能及时了解平台的发展情况，同时也能提供他们自己的意见和建议。

（四）平台运维

首先，确保平台稳定运行是首要任务，这需要专门的团队监控平台的运行状况，定期进行维护和更新，以及解决可能出现的技术问题。这种高效的运维管理确保了用户在任何时候都能无障碍地访问和使用平台。其次，平台运维团队需要设立有效的用户支持系统，如在线帮助中心、FAQ（常见问题解答）、在线客服等，一旦用户遇到问题，这些工具和服务应能为用户提供快速有效的支持和解决方案。再次，定期更新和优化平台功能，包括改进现有的功能，比如提高搜索效率、优化用户界面等，也包括开发新的功能，以满足用户的新需求或适应技术的发展。这样的持续改进确保了平台能够与时俱进，始终为用户提供最佳的使用体验。最后，需要保障平台的数据安全，包括用户信息的安全，以及平台数据的安全。针对这些可能的风险，运维团队需实施安全措施，如数据加密、安全认证、防火墙等，以确保平台的安全稳定运行。

（五）评价机制

首先，明确的质量标准和评价指标是建立评价机制的基础。这些标准和指标可以涵盖资源的内容、格式、适用性等各个方面。以此作为评价的依据，保证对所有资源的评价都是公正、公平、公开的。其次，平台需要设立专门的评价团队负责对资源进行评价。这个团队应由具有专业知识和经验的人员组成，他们可以准确地判断资源的质量和有效性。通过他们的专业评价，可以提升平台资源的整体质量，使用户能够信任并依赖平台。再次，用户反馈是评价机制的重要组成部分。平台应设立方便用户提供反馈的渠道，如评分系统、评论区等。用户的反馈不仅可以帮助评价资源的质量，也可以提供关于平台功能和服务改进的宝贵意见。最后，评价团队应定期对平台资源进行评价，保证资源的质量和有效性。同时，通过对评价结果的公开和分享，可以增加平台的透明度，提高用户的信任度，也能鼓励更多的高质量资源分享。

三、充分发挥网络关键人物作用的方法

在网络环境中，关键人物的影响力往往远超一般用户。他们的观点和行为常常能影响大量的关注者。因此，在高校思想政治教育中，正确引导和充分发挥网络关键人物的作用是十分重要的。以下是一些具体的方法。

（一）发掘网络关键人物

关键人物可能是在学术、社会公益、艺术等领域有影响力的人，也可能是在社交网络上拥有大量粉丝的网络红人。高校可以通过各种途径发掘和联系这些关键人物，让他们参与到思想政治教育的活动中来。

（二）引导网络关键人物

高校应对关键人物进行思想政治教育，引导他们树立正确的价值观，发挥他们的示范作用。同时，高校也应尊重他们的个性和创新精神，不强行干预他们的言行。

（三）利用网络关键人物的影响力

高校可以通过网络关键人物传播思想政治教育的信息和理念，扩大其影响范围。例如，可以邀请他们在网络上分享他们的学习经验、人生理念等，引导更多的学生接受思想政治教育。

（四）建立长期合作关系

高校应与网络关键人物建立长期的合作关系，使他们成为思想政治教育的持久力量。这可能需要高校提供一些支持和激励，例如，提供研究资助、提供培训机会等。

第四节　大数据思想政治教育法

一、基于大数据的精准教育

在中国，大数据的收集主要集中在以下几个方面：在线教育平台，如"超星尔雅""学堂在线""网易云课堂"等，它们记录了学生的学习行为数据，比如视频观看时长、完成的课程和测验、论坛讨论等；学习管理系统（LMS），如"明德系统""超星学习通"等，这些系统会记录学生的课程参与、作业提交、在线讨论等活动数据；学校的学生信息管理系统，提供了学生的个人信息、成绩记录、出勤率等数据；教育应用程序，如"沪江网校""百词斩"等，它们可以追踪学生的学习行为和学习进度，以及通过学生反馈和调查收集学生对课程、教学方法、教师等方面的反馈；物联网设备，如学生卡，也可以用来收集学生的位置信息和活动数据。所有这些方式都为我们提供了丰富的大数据，用于深入理解和提高教育质量。

在全媒体时代，大数据的应用正在改变思想政治教育的模式，其中，基于大数据的精准教育是一个重要的方向。具体来说，精准教育依托于大数据的深度分析和学生行为的洞察，为每位学生提供个性化、有针对性的教育方案。以下是具体实施的一些方法。

（一）个性化学习路径

首先，需要收集学生的学习行为数据，包括学习时间、学习方式、学习进度、学习效果等多个维度的数据。这些数据可以从在线学习平台、学校的教务系统等地方获取，也可以通过问卷调查、学生日志等方式收集。其次，对收集到的数据进行深度分析和洞察，这通常需要使用数据分析的技术和方法，如数据挖掘、机器学习等。通过对数据的分析，可以洞察出学生的学习习惯、学习能力、学习风格等特点。再次，根据分析结果，为每位学生制定个性化的学习路径。例如，对于学习速度快的学生，可以提供更高难度的课程和挑战；对于学习方法偏向于视觉的学生，可以提供更多的图表、视频等视觉教学资源。这样的个性化学习路径，可以让学生在最适合自己的方式和节奏下进行学习，提高学习的效率和效果。最后，需要定期回顾和调整学习路径，因为学生的学习状况会随时间变化，所以需要定期回顾学生的学习数据，根据最新的情况进行调整。这样可以确保学习路径始终符合学生的实际需求，帮助他们不断提升。

（二）实时反馈和调整

首先，需要建立一个大数据实时分析的系统。这个系统需要能够收集和处理学生的学习行为数据，如学习时间、学习进度、做题情况等，并能够实时更新。这可能需要依赖于先进的数据处理技术和强大的计算能力。其次，教师需要经常查看和理解这个系统提供的数据和分析结果。通过观察学生的学习数据，教师可以及时了解到学生的学习情况，比如哪些知识点掌握得好，哪些知识点的掌握存在困难，哪些学习资源更受学生欢迎等。再次，基于对数据的理解，教师需要及时给出反馈和指导。比如，对于学习进度慢的学生，教师可以给出相应的学习策略建议；对于掌握程度低的知识点，教师可以安排额外的辅导或者复习。最后，教师也需要根据实时反馈调整教学策略。如果数据显示某种教学方法效果不好，教师需要及时调整；如果数据显示某个知识点大部分学生都存在困扰，那么教师就需要调整教学计划，重点解析这个知识点。通过这样的实时反馈和调整，可以让教学活动更加贴合学生的实际需求，提高教学效果。

（三）精准推送教育资源

首先，构建学生"画像"是关键的一步，这涉及详尽收集学生的学习行为数据，包括他们点击的课程、完成的作业、参与的讨论，甚至停留在某个页面的时间长度等。同时，也需要捕获学生的反馈和偏好，比如他们对课程的评价、学习材料的喜好等。这些数据需要通过各种途径收集，比如学习管理系统、在线问卷，或者直接的学生反馈。其次，分析和挖掘这些数据是个技术挑战，需要采用一系列的数据挖掘技术，包括聚类分析（对学生进行分群），关联规则学习（找出学生的行为和喜好之间的关联），甚至预测模型（预测学生的未来行为）。通过深入挖掘，我们可以更好地理解每个学生的独特需求和兴趣。然后，根据学生的画像，我们需要为每个学生定制个性化的教育资源推送策略，包括课程推荐、学习材料推荐、个性化的学习任务等，推荐的资源不仅要符合学生的学习需求，还要尽可能地吸引他们的兴趣，激发他们的学习热情。最后，持续迭代和优化推送策略是提高推荐效果的关键，需要定期收集反馈，看看推送的资源是否真正满足学生的需求，是否真正引起了他们的兴趣。可以通过数据收集和分析、推荐策略设计、反馈收集和处理等环节不断地进行调整和优化。

（四）预测和干预

首先，收集全面的学生学习数据是基础。学习数据包括但不限于学生的课堂参与度、课后作业完成情况、在线学习时间，以及他们对课程材料的反馈等。所有这些数据都可以通过各种在线学习管理系统、教育应用程序以及直接的教师—学生交流等方式收集。其次，利用数据分析和机器学习算法对收集到的数据进行处理和解析，生成具有预测能力的模型。例如，利用深度学习的算法，可以从大量的历史数据中学习和识别模式，生成可以预测学生学习表现、学习风险和学习进度的模型。再次，基于生成的预测模型，可以进行有针对性的学生干预。例如，如果模型预测某个学生在某个学科上可能会遇到困难，教师就可以主动提供辅导，或者提供更多的学习资源和指导，以帮助学生克服困难。最后，持续收集反馈和优化模型。每一次的预测结果和干预行动都可以提供新的数据，通过收集这些数据，反馈到模型中，不断调整和优化预测模型，以提高其预测的准确性。同时，也需要根据学生的反馈和学习情况，不断优化干预策略，以更好地支持学生的学习。

二、基于大数据平台的智慧教育

智慧教育是一种利用先进的信息化手段，如大数据、云计算、人工智能等，实现教育信息化、智能化的教育方式。基于大数据平台的智慧教育，尤其在思想政治教育方面，具有以下特点和实现途径。

（一）数据驱动的决策

在基于大数据平台的智慧教育中，数据驱动的决策是一个非常关键的组成部分。通过收集、处理和分析大量的教学数据，教育者可以更好地了解学生的学习状态，从而对教学活动进行科学和有效的决策。

首先，大数据平台可以收集各种类型的教学数据，这些数据可能来自教育管理系统、学习管理系统、在线学习平台等。例如，学生的个人信息、学习成绩、课程选择、在线学习行为等，这些数据都能够被大数据平台收集并存储起来。其次，大数据平台可以对这些教学数据进行处理和分析。通过数据挖掘、机器学习等技术，我们可以从海量的数据中提取出有价值的信息，例如学生的学习模式、学习困难、学习兴趣等。然后，这些信息可以帮助教育者做出更好的决策。例如，教育者可以根据学生的学习情况，优化课程设计，提供个性化的学习资源；可以根据学生的学习困难，及时进行教学干预，提供相应的辅导和帮助；可以根据学生的学习兴趣，激发学生的学习动力，提高学生的学习积极性。最后，数据驱动的决策还可以帮助教育机构进行宏观的决策。例如，教育机构可以通过对大数据的分析，了解教育政策的效果，评估教育资源的配置，预测教育趋势等。

（二）智能推荐系统

在基于大数据的思想政治教育中，智能推荐系统可以起到至关重要的作用。该系统通过收集、分析和处理学生的数据，如他们的学习行为、学习路径、问题反馈、学习成果等，然后为每个学生提供个性化的思想政治教育资源推荐。

首先，在思想政治教育中，智能推荐系统可以收集学生在线学习的行为数据，如他们阅读的文章、观看的视频、参与的讨论等，通过对这些数据的分析，系统可以洞察学生对于特定思想政治教育话题的兴趣和需求。其次，智能推荐系统可以追踪学生的学习路径，了解他们在思想政治教育过程中的进度和困难。例如，如果一个学生在理解某个政治理论方面有困难，系统可以推荐一些易于理解的教育资源帮助他们。再次，基于上述的学生数据分析，智能推荐系统可以为每个学生提供个性化的思想政治教育资源。例如，对于对社会主义核心价值观有浓厚兴趣的学生，系统可以推荐相关的阅读资料、视频讲座等，对于在理解特定政治理论上有困难的学生，系统可以推荐一些介绍性的教程或案例研究。随着学生的学习进度和兴趣的变化，智能推荐系统也会动态调整推荐的内容。系统会不断学习和改进，以更好地适应每个学生的独特需求。最后，根据上述分析结果，智能推荐系统会为每位学生推荐最适合他们的学习资源。这些资源可以是课本、习题、在线课程、教学视频等各种形式。这种个性化的推荐可以帮助学生找到最适合他们的学习方式，从而提高他们的学习效率和学习成绩。

（三）智能互动和反馈

基于大数据平台的智能互动和反馈，可以提高思想政治教育的互动性和个性化，提高教学效果，增强学生的学习体验。

首先，在思想政治教育过程中，智能互动可以帮助学生更好地理解和掌握知识。例如，可以利用自然语言处理技术开发智能聊天机器人，该机器人能够理解学生的问题，提供相关的思想政治教育知识和信息。此外，还可以通过机器学习技术，使这些聊天机器人在与学生互动的过程中不断学习和进步，更好地满足学生的需求。其次，大数据平台可以收集学生的学习数据，如在线学习的时间、完成的任务、提出的问题等，然后通过数据分析，为学生提供实时反馈。这种反馈可以帮助学生了解自己的学习状况，提高学习效率。例如，如果系统检测到某个学生在理解某个政治理论方面存在困难，可以立即提供相关的学习建议和资源。同时，基于学生的学习数据和反馈，教育者可以及时进行教学干预。如果教育者发现某个学生在思想政治教育的学习进度落后，可以及时进行个别辅导；如果发现某个话题对学生来说比较难理解，可以调整教学方法或提供更多的学习资源。最后，大数据平台可以收集大量的教学数据，包括学生的学习成绩、互动情况、反馈信息等。通过对这些数据的分析，教育者可以评估教学效果，不断优化思想政治教育的教学方法和内容。

（四）预测分析和干预

基于大数据平台的预测分析和干预，可以帮助教育者更好地理解学生的学习状态，提前预测和解决学生的学习问题，提高思想政治教育的效果。

首先，大数据平台可以收集和分析各种类型的学生数据，包括他们的学习行为、参与度、测试成绩等。通过对这些数据的分析，我们可以预测学生的学习成效，例如他们对某一政治理论的理解程度，或者他们对某一话题的兴趣和关注度。其次，通过对学生数据的实时分析，教育者可以在学生遇到问题或挑战时及时进行干预。例如，如果一个学生在理解某个政治理论时遇到困难，教育者可以提供更详细的教材或个别辅导，这种及时的干预可以帮助学生更好地理解和掌握思想政治教育的内容。再次，通过对学生历史数据的长期分析，教育者可以预测学生的长期学习趋势，从而进行长期的教学规划。例如，教育者可以基于学生的兴趣和学习进度，规划他们在思想政治教育方面的深度学习或拓宽学习的路径。最后，大数据平台的预测分析和干预功能也可以用于实现个性化教学。通过对每个学生的学习数据进行分析，教育者可以了解每个学生的学习特点和需求，从而提供更符合他们需求的思想政治教育。

第八章　全媒体时代思想政治教育的
载体创新

　　"每个人的价值追求是用自身世界观去观察、处理、挑战人生各种问题的评定标准。"① 大学生正处于身心迅速发展和世界观、人生观形成的关键时期，且往往体现出较强的自主意识。此外，社会转型发生在知识经济信息化的时代，社会结构的各个方面表现为多元化、多样化。在社会转型大背景下，大学生的网络文化适应能力越来越需要得到关注，主要表现为在价值观念上的冲突。

第一节　"微"载体在思想政治教育中的运用

　　微文化于不知不觉中，充斥在人们生活的点点滴滴，短视频、通信软件、网络支付等，人们享受着微文化带来的便利，同时也在潜移默化中改变了原有的思想与习惯，大学生正是在不断吸取养分、接受新鲜事物的黄金时期，深受时代背景的影响，微文化正是当下网络时代的衍生物，微文化对大学生有着不容小觑的影响，因此高校在开展思想政治教育时也应顺应时代的发展趋势，将微文化运用其中以改进教育政策。

---

① 徐东升，李婧，薛舒文. 新时代沂蒙红色文化传承与弘扬研究 [M]. 北京：九州出版社，2023：164.

一、微博的新媒体特征

微博较之传统媒介，有较明显的新媒体特征：时效性更强。微博不同于博客，它精短易发布，也因此更具时效性；影响更广泛。微博的信息涵盖面广、传播面广，人们在表达自己的态度的同时信息也会通过粉丝多手转载并发布，其影响力成倍增长；互动性更强。微博用户相互间可进行关注，成为对方的粉丝，随时进行交流，这无疑放大了微博的效应；更贴近生活。人们在利用微博传输信息时，无须像在电视广告中或官方网站中采用正式的官方语言，而是可以更加口语化、生活化，这无形中拉近了人与人之间的关系和距离也更易让大众消化和理解。

二、微博对大学生思想政治教育的作用

微博作为一种信息交互平台，满足了大学生心理发展的要求，在微博的世界里，他们可以随心所欲地展示自己的内心世界，表达自己的观点。同时通过微博可以关注广泛的信息内容，有社会新闻、名人言论、生活常识，也有小道消息、朋友动态等。它面向现实社会的各个层面，甚至突破了国家及民族的界限。

作为大学生思政工作者，了解和掌握微博的特征，巧用微博开展大学生思想政治教育将有利于教育双方的平等对话，有利于维系思想政治教育的情感纽带，有利于营造寓教于乐的良好氛围。

三、巧用微博开展大学生思政教育

在新浪微博数据中心发布的 2013 年 12 月微博用户发展报告中显示：在微博整体用户当中，男女用户比例大体均等；用户年龄结构方面，"90 后"已经逐渐成为微博用户主力，占总用户量的 53%，在过去一年中，"90 后"用户增长较

为明显，"80后"用户占总用户的37%，而年龄层相对较大的"70后"与"70前"用户相对较小，由此不难看出微博用户中，整体年龄层偏年轻化。

随着新媒体技术不断进步和发展，微博作为一种社交媒体平台，与智能手机的普及密切相关。它已经成为国内最具开放性的信息传播媒介之一，与传统网页客户端相比有着独特的优势。首先，微博平台具有广泛的信息发布和传播能力。用户可以通过微博发布文字、图片、视频等多种形式的内容，传达自己的观点和信息。与传统互联网平台相比，微博的信息传播更加快速、直接，能够迅速引起广泛关注和讨论。其次，微博平台具有开放性和互动性。用户可以通过关注其他用户、转发和评论等方式与他人进行互动和交流。这种开放性和互动性使得微博成为一个多元化的信息传播平台，用户可以轻松获取各种不同领域的新闻、观点和知识。此外，微博平台还具有便捷性和移动性。由于微博主要在智能手机上使用，用户可以随时随地通过手机访问和使用微博，获取最新的新闻资讯和社会动态。这种移动性使得用户可以在碎片化的时间里随时浏览和参与微博内容，提高了信息获取的便捷性。

微博平台在信息发布、传播和互动等方面的优势使得它成为用户获取新闻资讯和表达观点的重要渠道。然而，需要注意的是，作为一个开放性的媒体平台，微博也面临信息真实性和传播质量的挑战，用户在使用微博时需要保持辨别能力，多角度思考和判断所获取的信息。在高校官方微博的管理工作中，应当注意以下问题。

（一）官方认证的权威性

虽然新浪微博的注册门槛较低，任何人只要用户名未被注册就可以注册和使用，但为了保护知名人士和单位机构的名誉，微博提供了官方认证功能。例如，某知名人士的真实姓名可能已经被他人注册，但如果该人士能够提供足够的证明身份的资料，并通过微博平台的认证程序，就有机会申请官方认证，以确认其合法真实的身份。经过官方认证的微博账号发布的信息具有更高的可信度和说服力。

官方认证是微博平台为了增加账号的可信度和区分真实身份而设立的一项功能。它可以帮助用户识别和关注真实的知名人士、单位机构等，确保他们发布的信息具有更高的可信度。通过官方认证，微博用户可以更加放心地获取和传播来自官方认证账号的信息，因为这些信息经过了平台的审核和确认。

（二）建立高校官方微博管理制度

微博的兴起和发展是与互联网技术密不可分的，但其操作者和用户都是真实存在的个体。在高校中，微博的使用不仅限于经过认证的官方微博平台，各机关部门、学院、学生社团和班级等也是潜在的微博用户。因此，相关管理部门需要统一协调和登记管理校园内各种形式的微博，建立适合高校微博平台运营的系统化管理体系。在信息的审核和发布阶段就要做好规划，利用多层级的微博平台丰富发布形式和内容，满足受众需求，增强互动性。

需要注意的是，微博用户具有极强的独立性和自由度，在微博信息发布过程中，既要保证更新频率，也要注重信息质量。因为微博平台原则上并不限制每日内容的更新数量，所以保持频繁的更新成为维持微博生命力的重要方法。长期不进行内容更新的微博必然会失去关注度，在可能形成的舆论场中失去发言权和公信力。

目前，部分高校的官方微博管理还未实现部门化和专人化，由于兼职管理队伍缺乏足够的时间进行长期系统的维护，很难在出现相关舆情时及时反馈和应对。因此，如果条件允许，各高校可以考虑设置专职管理部门，并制定相对完善的校园微博管理制度。这样可以严格规范校园微博信息的发布内容、适用范围和更新频率，确保微博的生命力，并从制度源头上抑制不良或虚假信息的发布和传播。同时，在微博上传播更多有实际意义和正能量的校园文化信息，形成一个正能量的舆论场。

（三）组建校园微博管理团队

无论移动互联网技术如何发展，实际操作微博平台的仍然是个体化的人。因此，在建立高校校园微博平台时，必须选择一支具有较高政治思想水平和认真负责工作态度的团队来进行专业化管理。面对移动互联网客户端，特别是微博平台，传统的互联网思维已经不能完全适应其不断变化的特点。移动互联网具有自身的特殊性，在这个特殊的领域中存在着特定的语言方式。作为微博平台的管理者和维护者，必须熟悉这个特殊环境下形成的相关网络语言和沟通方式。

微博平台具有包容性，允许发布图片、文字、音频和视频内容，而这些跨专业的工作很难由一个人完成。因此，建立一支具备综合业务能力的管理团队至关重要。这个团队应该包含具备新闻稿件撰写、摄影摄像等专业能力的人员，也应该有懂得如何整理和发布文字、图片、视频等素材以获得最佳传播效果的运营人员。

（四）实现信息传播有效监管

微博与传统互联网客户端有所不同，因为它不需要完全依赖电脑设备来获取信息、进行评论和发布内容。只要有一部智能手机，只要能够登录移动互联网，就可以随时更新和互动微博平台的相关内容，甚至可以实现 24 小时连续传播。而正是基于这一技术特点，虚假和不良信息也可以在任何时间不受限制地传播。在如今普及了 4G 技术的网络环境下，这已经成为不可忽视的现实。

尽管在校园官方微博的使用过程中，我们难以对微博内容进行 24 小时不间断的监控，但作为校园官方微博的管理和运营团队，必须安排专人时刻关注与学校相关的微博信息。通过舆情大数据分析平台和精准的人工信息筛选和处置，我们完全可以实现对微博中虚假和不良信息的全时段监控和管理。

（五）建立学生微博管理员队伍

在建立校园官方微博时，可以采用"专职教师 + 学生"的团队组建模式。这是基于互联网发展速度日新月异的考虑。随着微博管理团队中专职教师的年龄增长，他们对新事物的接受能力和速度逐渐降低。然而，要有效引导网络舆论并解决高校师生关心的热点问题，需要依靠一支政治可靠、熟悉网络语言的运营团队。这个团队一方面需要具备高水平的专业能力，通过思想深度和专业水平积极引导网络舆论；另一方面，他们还需要能够灵活运用最前沿和最新鲜的网络语言和表达方式来发布内容，以引起读者的兴趣，从而实现信息的有效传播。

高校微博的读者主要是在校大学生以及可能成为大学生的学生群体。只有年龄相近的群体才能更好地理解年轻人的思维方式和精神需求。因此，在建立专职微博管理团队的同时，打造一支学生兼职微博管理员团队就显得非常必要。在选拔人员时，可以充分发挥部分责任感强、对新媒体平台使用技术熟练的学生党员和学生干部的作用。他们不仅需要了解网络舆情的产生和发展规律，能够有效引导网络舆论，还要能够及时反映师生们的意见、建议和要求，以弥补专职微博管理人员的不足。

四、"微"载体在大学生思想政治教育中运用存在的问题及对策

"微"载体对大学生思想政治教育既是机遇也是挑战，可以说是一把双刃剑。它的多渠道传播和高度自由的信息发布赋予了用户极高的话语权，使每个人都可以成为信息的制造者和传播者。通过"微"载体，大学生可以获取丰富的知识和信息，但同时也面临着大量不良信息和观念的侵扰。一些别有用心的人利用"微"载体散布虚假信息，传播低俗文化，甚至有不法分子宣传危害公共安全和利益的言论。因此，"微"载体也成为谣言滋生地和有害信息的重灾区。大学生年轻有朝气，但缺乏涉世经验，更多地被感性所驱动而非理性思考，容易偏听偏信，难以辨别真伪。这导致了思想上的困惑和混乱，给大学生思想政治教育工作带来了巨大的挑战。同时，一些缺乏自制力的学生可能沉迷于"微"世界，无法自拔，严重影响了正常的生活和学习秩序。

在"微"载体运用过程中，高校管理者要做到扬长避短、趋利避害，提高运用的技巧性。需要从三方面着手。

一要坚持虚实结合，线上线下互动。认识到虚拟空间的思想政治教育不

能简单否定和取代现实思想政治教育，而应该与现实教育紧密结合，实现虚实互动、互相支撑和促进。在虚拟空间中组织实施思想政治教育，同时通过线下的策划、组织和解决问题来支持线上教育。推动现实教育内容、方法和途径与虚拟空间相结合，不断创新和丰富思想政治教育的载体和形式。

二要坚持主动作为，有效引导。工欲善其事，必先利其器。思想政治教育工作者应该主动学习和熟练运用"微"载体，结合实际特点开展具有吸引力、影响力和感染力的思想教育工作。建立高校官方微博、微信等"微"平台，与学生进行在线互动，选取与大学文化和精神内核相关的话题，选择学生参与度高的话题，让"微"载体传播正能量，扩大教育的影响力和覆盖面。积极参与学生的网络活动，关注网络信息和言论，与学生互动交流，引导学生的评论走向，将教育内容渗透其中。同时，掌握网络语言和交流方式，用学生喜欢的方式充实思想政治教育内容，缩短教育者与大学生之间的心理距离，以平等朋辈的方式进行说教，易于被大学生理解和接受。

三要坚持微德教育，提升素养。培养一支由思想政治理论课教师、辅导员、优秀学生干部和社团精英组成的网军队伍，培养学生意见领袖。定期开展"微"讲座，邀请心理健康老师、微博达人等开讲，讲解"微"载体的运用技巧，开展"微"德教育，让大学生充分了解"微"载体的基本知识和道德规范，使"微"载体在思想政治教育中发挥最大的正面作用。

对传播快、影响大、覆盖广、社会动员能力强的微客、微信等社交网络和即时通信工具用户的快速增长，如何加强网络法治建设和舆论引导，确保网络信息传播秩序和国家安全、社会稳定，已经成为摆在我们面前的现实突出问题。推进网络思想政治教育创新，需要进一步加强教育部"官方微博""官方微信"内容建设，壮大教育系统"官方微博"联盟，推进高校辅导员博客、思想政治课教师博客、校务微博、班级微博及校园微信公众号建设，打造网上思想舆论引导集群，提高网上舆论引导和应对能力。

第二节　微信在思想政治教育中的运用

微信作为一种常用的社交媒体平台，在高校思想政治教育中发挥着重要作用。通过合理利用微信平台，高校可以扩大思想政治教育的影响力，提高学生的学习效果和参与度。同时，需要注意确保内容的准确性和合规性，以及对学生的引导和管理，让微信在思想政治教育中发挥积极作用。

一、微信的特点及其对大学生思想政治教育工作的影响

微信在移动设备智能化的形势下出现，不仅具有网络媒体开放性、交互性、即时性的特点，更以它特有的个性化和群体化的人际交流，便捷和多样化的操作方式深受大学生喜爱。微信打破了传统短信只能发送文字的局限，支持视频、语音、图片的传送，同时，微信平台下提供一系列社交服务插件，如："摇一摇""漂流瓶""朋友圈""公众平台""语音记事本"等。最关键它是一款免费的通信软件，只消耗少量数据流量，而这些数据流量往往包含在消费者订购的流量包中。相比较额外的短信与通信费用，微信似乎更经济廉价，对于无经济能力的学生来说，是通信联系的首选应用软件。微信强调个性与自由的特点，正好为高校大学生追求个性、展示自我提供了一个平台。截至2022年年底，微信的国内用户突破12亿，其中大学生群体占大多数，为大学生思想政治教育在微信平台中的开展奠定了良好的基础。

作为大学生使用的主流社交媒体，微信可谓是一把"双刃剑"，它在为学生提供便利的同时，也产生了很多负面的影响。微信使得大学生生活更加丰富，接收各类信息更加及时，社交更加广泛。微信丰富和创新了高校思想政治教育的内容和方式，为大学生学习和教育开辟了新形式，和传统教育相比较，微信的移动学习支持使得教育走下课堂，利用微信的群功能，可以开展

小组讨论、合作学习，类似MOOC（大规模开放在线课程）的网络学习；微信的朋友圈有分享功能，可支持学工资源共享，传递社会主义核心价值观；微信公众平台的订阅功能支持随时发布学习内容，并能准确到达手机用户。但作为一个开放式的平台，微信上发布的信息得不到严格的控制，学生接触到各类信息，若不能准确辨别，极有可能受不良信息的影响，导致意志偏差，产生不良后果。

二、微信在大学生思想政治教育中的应用

（一）加强教育内容建设，重推主流思想

思想政治教育内容的选择既要适合微信特点，又要蕴含对大学生进行教育的主流价值观。教育内容不能是空洞类的说教材料而应是不断丰富和完善的成果，选择说服力强的材料深化主流思想，进一步创新思想政治理论课教育形式。根据微信的特点，教育内容的表现形式可以多种多样，既可以是文本格式，也可以是图片、语音、视频等格式。表达方式符合教育主题，提倡多变，可以是严谨论述的，也可以是自由讨论的。但高校微信发布的内容不能仅是教育题材和新闻，还应结合大学生心理特点，有针对性地选择题材，既能提高微信吸引力，又能有效防止学生因厌恶形成的排斥心理。教育的内容应尽量朴实易懂，避免过分官方和正式。力推的思想应结合社会发展，贴近党和国家提倡全民学习的思想或价值观。

（二）发挥名人效应，树立正确观念

大学生对于名人总是充满好奇和崇拜的心理。根据学校以往举行的各类活动得出经验，凡是看名人出席的活动，同学们总是热情高涨，积极参与。在开展大学生思想政治教育时选择优秀校友、学校名人或知名成功人士推广积极向上的思想，必能受到学生们的热捧，其言论易为大部分学生所接纳，为学生形成正确的人生观、世界观、价值观起到积极的促进作用。不仅如此，对于身边的人和事势必使学生倍感亲切，能有效拉近与学生的距离，使得学

生参与度提高。高校官方微信可设置专栏，每日分享学生身边事、校园新鲜事。在日常生活中，可以多谈微信发布的有关话题，以部分学生的参与促进更多学生参与，不仅使得学生更加了解学校动态，同时推动大学生思想政治教育在微信中得到良好发展。

（三）建立专门账户，密切联系学生

学校可以以学生所在院系、班级为单位建立专门账户，由专门老师负责管理。其一，可以及时了解学生的思想动态。当代学生喜欢释放个性、渴望关注，在朋友圈中总能看到同学们的近期动态、思想情况、同学们的评论情况。其二，能及时为学生答疑解惑。不少学生在与老师面对面交流时感到紧张、不自然，而微信改变了这种师生交流尴尬的局面，使得师生的交谈变得更加随意和轻松，有效地拉近了师生的距离，学生提出的问题，不仅教师可以行解答，同学之间也可以互答或讨论，使得学习氛围更加愉快。其三，教师的加入，对于学生正确使用微信起到引导和监督的作用，并能及时为学生甄别各类信息，杜绝不良信息对学生的侵害，提高学生接收信息的质量。现今大学生基本为"00后"，学生主要特点即思维活跃，对新鲜事物充满好奇心和探索欲，有较强的创新精神。大学时期的他们正处于价值观成熟的关键时期。但是，社会经验不足，认知水平有限，很多大学生看问题容易出现片面性，甚至偏激，以致犯错。在思想上、心理上、情绪上易受到外部因素的影响。作为思想政治教育工作者，学生辅导员要充分认识到大学生的特点，明确微信从产生到发展各个阶段对学生思想教育存在的作用和局限，趋利避害，引导学生正确使用微信，正确使用网络。

（四）开展微信活动，改善思政教育形式

高校开展思想政治教育的形式多种多样，除学校安排的必修课程，如：思想道德修养与法律基础、马克思主义基本原理、毛泽东思想和中国特色社会主义理论体系概论等，举行各类活动也是常用的一种教育形式。将思想政治教育的内容融入学生活动，使教育对象在参与活动过程间接接受教育，提升其思想道德素质。微信参与活动方式简便，没有时间地域限制，参与人员

广泛，受教育人群覆盖面大。利用微信活动的优势，可开展一系列活动，如在国庆期间开展"我和祖国母亲"活动，参与学生可以利用微信随拍随传功能，拍下与祖国母亲的合影，并发送对祖国的祝福，@学校官方微信参与活动，丰富学生的课余生活的同时，培养学生的爱国主义情怀，增强学生的责任意识。选择微信开展活动，所开展活动要适宜在网络举行，并有较好教育意义。

三、微信用于思想政治教育的建议

微信虽然已在高校大学生中普及使用，并且已发展成为高校大学生获取信息和人际交流的重要工具，但其独特的优势并没有在高校思想政治教育中充分地发挥。很多高校开展思想政治教育仍然仅采用传统的灌输式教育。为改善思想政治教育形式单一，充分发挥微信优势，加强微信在思想政治教育中的应用，特提出以下建议：

首先，教育要与时俱进，顺应科技发展。随着经济的发展，教育开展形式更加多样化，传统的教学已不能满足大学生的心理需求，网络教育的发展受到越来越多的关注，也越来越为学生所接受。思想政治教育在微信中开展，形式更加现代化，符合大学生认知和心理特点。微信使大学生思想政治教育不仅停留在课堂，更走向生活，学习的时间由固定转变为可由学生自由支配。教育内容更加丰富而全面，教育工作者本身既是教育内容的选材者、参与者、更是学生的引导者。

其次，推动微信开展大学生思想政治教育必须受到学校、相关教育部门和教育工作者的重视。目前，对于思想政治教育一线工作人员、高校辅导员使用微信情况与学生相差甚远，教育工作者对于微信用于思想政治教育没有明确的认识，必然导致思想政治教育在微信中难以开展。教育工作者应主动转变态度，加强微信用于思想政治教育的新认识，主动抓住教育新武器，积极开辟教育新局面。相关教育部门应大力支持运用新媒体开展大学生思想政治教育，给教育工作者提供技术指导，同时加大对思想政治教育工作者队伍的培养，使教育工作者更好应对教育形势的转变。

最后，做好微信教育的宣传和推广工作。为提高教育效率，教育内容要及时被更多学生所接收，这就要求教育公众平台众所周知，使更多学生主动关注教育公众平台。公众平台本身要有较大的吸引力和较好的呈现内容，学校可以通过设计教育公众平台二维码海报，张贴于宣传栏宣传，也可充分利用学生干部宣传推广至院系、班级，提高其知名度，吸引更多学生关注，提高微信影响力，使微信真正为大学生思想教育工作服务。

微信是现代科技发展的产物，有其特有的时代特色，并以其独有的魅力蓬勃发展，虽然微信在大学生思想政治教育中的应用仍存在很多值得探讨的问题，如何用于思想政治教育仍存在争议，但值得肯定的是，微信用于思想政治教育有其积极意义，部分教育工作者已开始尝试新的教育方式，并取得了较好的成果。教育工作者只有不断提升专业素养，正确选择、合理利用资源，用发展的眼光正视教育，才能在教育变革中成为教育变革的推动者和引领者。

第三节　微课在思想政治教育中的运用

随着互联网的快速发展，微信、微博、微小说、微电影、微旅游、微商已经悄然来临。显然，我们已经进入了微观时代。我们所处的环境是一个微观的客观环境，尤其是大学生具有较强的接受新事物的能力。每天我们讨论最多的是微信、微博等内容，这些微话题深受大学生的喜爱。这个微话题也在潜移默化地改变着当代大学生的日常学习、生活和内心世界。作为指导高校发展的一面旗帜，在微观时代到来时，如何更好地发挥思想政治教育的优势。微课程的传播是改善高校教育困境的契机，也是高校更好地开展大学生思想政治教育的重要课题。

思政教育信息化是目前改善思政教育困境的最有效手段，微时代下微课短视频教育不仅让学生更直观、高效地学习思政课程，了解知识内容，更重要是采用这种信息化教学手段相比于枯燥的线下思政课堂更能让学生提起学习、探讨的兴趣。时代变了，我们的教学途径、教学方式、教学思路也要紧跟时代的变化做出相应的改变，让思政课堂"活"起来。

在实际运用中，思想政治教育可以借助微课来进行知识的传授、价值观的培养和思想的引导。教师可以制作或选择相关的微课资源，通过课堂、在线学习平台等方式向学生传播和推广。同时，教师还可以组织学生观看微课后进行讨论、思考和互动，加深学生对思想政治教育内容的理解和应用。

需要注意的是，微课在思想政治教育中的应用不能仅仅停留在知识传授层面，更重要的是培养学生的思辨能力、价值观和社会责任感。因此，在使用微课进行教学时，教师需要注重引导学生进行深入思考和讨论，提供合适的引导问题和互动环节，以促进学生的思想成长和全面发展。

一、完善的网络条件是微课得以实施、提高学校教学效率的基础

首先，学校教学要想成功地搞好微课，必须要具有完善的网络条件。现在的高等院校，都极为重视学校的现代化建设。高校领导必须认清社会教育网络化发展的趋势，不惜斥巨资加大网络方面的投入，建设现代网络化校园，并时刻注意与教育改革保持同步。

学校必须全面开通校园网，这样才可以充分共享网上资源，及时了解教育教学信息；校内服务器也已提供了丰富的学校内部网络教学资源，例如，当前最为流行的清华大学多媒体网络数字化资源库。一律实行现代网络化办公；投影仪、"三线"等已走进每一间教室，切实实现了"班班通""校校通"，真正地实现了校园高效率的网络化管理。这样也使优秀的微课能够惠及全国各地的学生，达到取长补短的效果。

完善的校园网络建设是利用丰富的网络教学资源的先决条件，并为教育

教学效率的提高打下了良好基础。

二、丰富的微课资源是提高学校教学效率的重要组成部分

互联网上蕴含着极其丰富的教育资源，且网上信息具有传递迅速、更新快、共享性好等优点。例如，可实现对现代科技发展的实时跟踪。现代科学技术的迅猛发展，特别是信息科学和信息传播手段日益发展，知识量在短时间内发展猛增，有人称这种现象为知识爆炸。而网络化的教学也能以其独有的特点，迅速、准确地进行新知识的教学活动。

正是鉴于网络可以提供海量资源，支持自主学习、个性化学习，网络环境下的学习才得以全面提出及开展。多样的外部刺激有利于知识的获取与保持，超文本特性可实现对教学信息最有效的组织与管理。网上丰富的资源有利于充分实现交互与共享，有利于激发学生的学习兴趣和充分体现学习主体作用，有利于培养学习者的信息素养和信息能力，从而最终有利于学校教学效率的提高。

三、提高教师的网络应用水平是产出高质量微课资源的有力保障

面对丰富的网络资源及现代化的网络技术条件，要想将其充分运用于教学，为教学服务，就需要我们广大的教师具有较高的与之相适应的计算机水平，这对广大教师来说无疑是一个挑战。

目前青年教师占绝大多数，他们的计算机网络化应用水平比较高，而一些中老年教师在青年教师的带动下，积极提高自己的计算机应用水平，并且学校定期对中老年教师进行计算机网络应用及课件制作的培训，使之达到熟练应用和制作的目的。这样，学校教师整体计算机水平较高，从而大大提高了网络资源的利用率。这极为有利于教师的备课与教学，同时学生也对这种现代的网络化教学手段产生了浓厚兴趣，大大提高了学习的积极性与主动性，

从而整体提高了教育教学水平。

四、培养学生良好的信息素养是微课得以普及的前提

网络信息时代教育的培养目标除要求学生具有德智体美劳全面发展的基本素养外，还应具有高度的创新能力和很强的信息能力，因此要求教师在引导学生除吸收传统知识技能的精华外，还应有意识地强调培养和增强学生的信息素养能力——信息获取能力、分析能力与加工能力。而当前正流行的热门研究课题"网络环境下的研究性学习理论与实践研究"中将研究性学习定义为："学生在教师指导下，从自然、社会和生活中选择和确定专题进行研究，并在研究过程中主动地获取知识、应用知识、解决问题。"学生通过研究性学习活动，形成一种积极的、生动的、自主合作探究的学习方式即自主探究方式。这是与当今教育改革相适应的学习方式的变革，也是远程开放教育所倡导的学习方式。利用网络资源培养并提高学生的信息能力，提升学生素质，是远程开放教育的培养目标，也是我国课程改革的一项重大举措。

为此，教师可根据教学进度和教学内容，经常适时地组织学生到电子阅览室进行自主网络探究。探究过程中的相互交流不仅可以扩大知识的摄入量，更可以培养学生形成一种在交流中学习成长的意识。培养良好的基于网络的自学习惯，实现从以教师为中心向以学生为中心的教学模式转变，进而为实现教育改革的新的课标要求打下良好基础。

总之，随着信息与通信技术快速发展，与当前广泛应用的众多社会性工具软件（如博客、微博、Facebook、Youku、Tudou 等）一样，微课也将具有十分广阔的教育应用前景。对教师而言，微课将革新传统的教学与教研方式，突破教师传统的听评课模式，教师的电子备课、课堂教学和课后反思的资源应用将更具有针对性和实效性，基于微课资源库的校本研修、区域网络教研将大有可为，并成为教师专业成长的重要途径之一。对于学生而言，微课能更好地满足学生对不同学科知识点的个性化学习、按需选择学习，既可查漏

补缺又能强化巩固知识，是传统课堂学习的一种重要补充和拓展资源。特别是随着手持移动数码产品和无线网络的普及，基于微课的移动学习、远程学习、在线学习、"泛在学习"将会越来越普及，微课必将成为一种新型的教学模式和学习方式。

第四节　微电影在思想政治教育中的作用

微电影营销，不同于商业化的影视大片，也不同于大众言论的视频短片，它是介于两者之间的一种新媒体网络化的营销手段。时下，人们总爱玩微信、上微博……处在信息社会的大潮中，我们已离不开"微"字号的生活方式。作为"微"家族中的重要一员，微电影近年来越来越火，格外引人关注。

微电影形式上看似简单，但贵在"短小精悍"，创意性也很强。与电影院里的"大片"相比，微电影同样有一个完整的故事，一套合理的逻辑，传递一种鲜明的思想，可谓"麻雀虽小，五脏俱全"。观看微电影是闲暇时娱乐的一个很好的方式。网上经典大片比比皆是，可以安静坐下来观赏一番自然是好事，但要花费的时间也非常"可观"，对于一些工作忙碌的人来说，微电影就是一个不错的选择。观看制作精良的微电影，不仅可以获得短暂的放松，观影感受也是别具韵味。可以说，精品微电影的"短小"与"精悍"是相得益彰的。

在新媒体迅速发展的大背景下，微电影具有很好的传播优势。在选材方面，微电影涉及社会生活的方方面面，社会现象、热门话题、矛盾焦点等，都可成为微电影的创作题材，它与人们日常生活更为贴近，也更易聚集人气。

采用电影级艺术表现形式。微电影广告不会像传统广告片那样直接明了地宣传洗脑某个产品，而是运用电影语言，将产品或品牌理念融入情节中。这么做可以为品牌广告增加浓厚的故事性与趣味性，更好地传播企业理念，树立品牌形象。

故事传播能打动观众的内心，提升观看兴趣，不像传统广告那样让人反感和排斥。资金投入较少，而收益是巨大的。依靠网络作为传播媒介，传播速度快、影响面积广。微电影广告已成为整合营销的一把利器，直观表现独特的品牌特色与文化底蕴，获得更多人的关注与好感。

泱泱大国是华夏，炎黄文化五千年。中国是一个拥有悠久文化历史的国家，这个昔日沉睡的东方巨龙正依靠着强大的国家力量和民族信仰逐渐登上世界的舞台，并越发成为舞台中心镁光灯下的主角。曾经浴血奋斗的过往确应铭记于每个中国人的心中，时下百年未有之大变局及打赢这场变局的每一个策略也更值得每个年轻人思考。故而思政课应该考虑怎么上更能取得双赢的成效。

思政课的内容要与时政紧密挂钩。学习过往的历史往往不如身处当中沉浸式学习效果来得快。正如笔者亲身经历了 1997 年 7 月 1 日香港回归、1999 年 12 月 20 日澳门回归，这些特殊日子在我脑海里是一辈子都不会搞错的。思政课要充分利用沉浸式学习的环境、氛围，让教书育人达到事半功倍的效果。2021 年的暑假发生了很多值得学生青年们深思的事件，7 月 1 日中国共产党成立 100 周年庆典圆满举办，郑州百年不遇特大暴雨，大家众志成城等，这些都是我们在新闻里、在短视频等各种社交媒体上听到、看到的。如何应用这些基础条件，引导学生上好思政课，切实感受建党百年以来中国的巨大变化、切身理解"只有中国共产党才能救中国"的至理名言、切实了解中国特色社会主义道路的优势、懂得通往光明的路上总有人在负重前行，这才是思政课应该考虑的。

思政课的授课方式要灵活多变。思政课不应该停留在单纯的说教阶段，也不应该以校长讲话、老师致辞代替。要充分挖掘、利用周边的红色资源，听听老共产党员讲历史、一同重温 7 月 1 日建党百年庆典、画画建党百年手抄报、一起朗诵《强国有我》的献词、邀请赴郑州支援的蓝天救援队成员讲讲救援感受等，这些灵活多变的授课方式有助于青少年消化吸收课程内容。要想达到授课方式灵活多变的效果，也是对学校老师、校长提出了更高的要求，老师校长既要站在学生角度看问题，又要盘活周边资源，如果高屋建瓴、曲高和寡怕是达不到目的。

实践是检验思政课成效的唯一路径。老师思政课讲得怎么样，学生学得怎么样都应该放到实践中去评论。小到爱护环境、不随手乱丢垃圾，大到见义勇为、敢于和恶势力作斗争都是可以在实际生活中一目了然的。什么是爱国，听到不友好、不和谐的言论，敢于发表自己的看法、敢于辩论这也都是爱国的体现，都是思政课有所收获的反应。老师校长要注重在实践中给学生打分，积极表扬表现优秀的学生，主动引导表现不佳的孩子。思政课万万不是一课了之，要在长远的学习生活中持续关注学生的动态。

给青年学生讲好"大思政课"，有利于他们树立正确的人生观、世界观、价值观。我们知道，一个人的青年时期是一生中最宝贵的阶段，在这个时期接受良好的思政教育就能让他们的人生行走在正确的轨道上。我国自古就非常重视对思政的教育，很多孩子从幼童时期就学习背诵《弟子规》《三字经》等，这就是最初的思政教育。这也是在教育和引导一个人要在道德和情操等方面有规矩、有约束。而当一个人成长为青年人时，我们同样不能忽视思政课对他的影响，因为这决定了他的价值取向，也会帮助他树立人生理想与奋斗目标。

第五节　手机载体在思想政治教育中的作用

高校思想政治教育要切实发挥作用，给大学生使用网络进行正确教育和引导。创新思想政治教育平台，利用短视频、小程序等多种渠道将思想政治教育内容巧妙融合在网络教育中，将线上与线下相结合，提高思想政治教育的时效性。

思政教师应当加大对学生的教育引导，引导大学生正确对待网络，指导学生健康、安全使用网络。对网络上的各类信息应加以甄别，对学生中出现的被不良信息蛊惑的苗头趋势应及时进行遏制。各高校应广泛征集了解学生们的喜好和建议，然后通过这些喜好和建议来借助网络平台开展思想政治教育工作。用正确的舆论引导学生参与社会，结合互联网热点时事引出授课内容，让学生有充分的时间独立思考。

思想政治理论课是落实立德树人根本任务的关键课程，时代在发展，思政课也应与时俱进，尤其是在信息资讯爆炸的今天，面对思维活跃敏捷、喜欢独立思考的"00 后"学子，如何将思政课讲得入耳入脑入心，真正为当代大学生们启智润心，无疑是一个重大时代命题。思政课不仅要在课堂上教授，也应该在社会生活中传授。春风化雨，润物无声，思政课是在人的灵魂里搭建筑，关键是要在学生心灵中埋下真善美的种子，引导学生"扣好人生第一粒扣子"。

开好思政课，不仅要常开，更要注重与时代相结合。新时代的"大思政课"，我们既要熟悉历史又要结合现实，又要运用理论又要结合实践。要充分运用丰富的历史文化资源和经济社会发展实践，引导广大学生学深悟透内在道理，助力青年成长为堪当民族复兴重任的时代新人。

开好思政课，要善于从历史中学习。要利用好党史资源，丰富授课内容、拓展学理深度。在中央红军红 34 师师长陈树湘断肠明志的壮举里，可以读出信仰的力量；在沙洲村红军女战士临走时把一条被子剪为两半、给群众留半条被子的真诚里，可以读出红军战士对人民的赤子之心；从各地展馆中的一条条借据、一件件信物里，可以读出群众对于党和红军的爱戴，可以读出军民鱼水情深。历史为什么选择了中国共产党和社会主义道路？从党史中可以找到最佳答案。

用好思政课，要同现实社会实践相结合，做到学以致用、学用结合。深圳从小渔村发展到具有世界影响力的创新城市，湘西武陵山腹地一座座苗家村寨摆脱千年贫困、迈入全面小康，塞罕坝、毛乌素等沙化土地实现生态状况全面好转……这些彪炳史册的画卷，是共产党人夙夜在公、亿万人民奋斗拼搏的硕果，也是党的领导和社会主义制度优势的生动写照。讲述好历史性成就背后的机理和动因，有助于让青少年一代更好认识中国的发展方向，坚定"四个自信"，增强爱党爱国爱社会主义的自觉。

青少年阶段是人生的"拔节孕穗期",最需要精心引导和栽培。思政课教师要守正创新,让思政课更有亲和力和感染力,更有针对性和实效性,让思政课成为一门有温度的课。教师队伍要善用"大思政课",大学才能更好立德树人、培根铸魂,更好为党育人、为国育才。

教育与自我教育无法分割,它们统一于教育的过程中,缺少其中任何一个都将弱化思想政治教育的效果。如若缺少教育者的教育,自我教育容易陷入盲目、莽撞的境地;如若缺少受教育者的自我教育,教育效果难以巩固,教育的持久度无法保证。

教育与自我教育的关系基于唯物辩证法的内因与外因辩证关系的基础之上。辩证唯物主义认为,内因与外因在事物发展中的地位和作用是有区别的,外因是事物变化发展的条件,而内因是促进事物发展和引起变化产生的根据;外因通过内因起作用。

一定意义上来说,教育是他控、他授的,它只能作为一种外部条件来促进人的全面发展,也就是说教育是外因。而人的思想转变的根本动因在于自控、自授的自我教育,自我教育才是教育的目的,正如苏霍姆林斯基指出的:"只有能够激发学生进行自我教育的教育,才是真正的教育。"

我国著名教育家叶圣陶也曾指出:"教育的目的是不教育。"就自我教育而言,通过自身的思想矛盾运动,发现自我的思想发展现状与社会所要求的思想品德之间的差距,在客观、全面地认识自我的基础上有针对性地对自己提出思想进步的要求,并且在自我行动中予以践行。

第六节　网络生活与娱乐活动载体在思想政治教育中的作用

学好中国红色革命文化,讲好中国红色革命故事。学好党建思政理论并付诸实践,是推动中华民族伟大复兴的重要文化力量。为强化现代高校学生思想道德素养和红色革命精神，将 VR 虚拟现实融入党建思政教学课堂之中，以更加立体化、直观化、沉浸的学习方式，为党建教育教学赋能，助力高校提高教学效率，增强红色文化对学生的吸引力。

结合虚拟现实技术，将思政教材内容以三维立体化的形式呈现在师生眼前，学生和老师借助 VR 头盔，走进"活"红色革命基地，感受不同革命场景带来的逼真感和震撼感，让学生能够在不同场景下学习红色革命文化和先烈们的革命精神，体验当时先烈们英勇斗争的战争环境氛围，切身体会当时革命环境的艰辛。

VR 虚拟现实与红色资源文化相结合，解决党建思政教育学习内容单一、无法深入感受革命精神、校外活动实践投入大、理论与实践不平衡等问题，系统模拟还原虚拟红色革命展馆、四渡赤水战争、飞夺泸定桥、反恐形式等不同重大历史内容的场景和设置红色线路浏览等，让学生在虚拟情景中通过视觉、听觉、触觉等全方位去感知和体验历史革命氛围，打造沉浸式、可互动的学习体验，打破传统红色教育的地域和时间限制，真实再现红色革命场景，增强思政学习教育效果。

VR 技术将图片、文字、声音、视频等元素融合在一起，培养学生创新思维，以图文并茂的动态教学形式引起学生思想和情感上的共鸣，强化学生红色革命精神、牢牢把握马克思主义理论，不断加深学生爱国理想信念，积极发扬先辈们艰苦奋斗精神。思想政治教育的内容是为了一定的教学目标，教学者向受教育者传授、讲解的知识、理论、观点，是教育者与受教育者联系与转化的中介。思想政治教育的内容要根据时代要求、社会的科学发展和人的全面发展需要来确定。

思想政治教育是围绕人做工作的，应该有直达人心、引发共鸣之效。但现实中，思想政治教育入耳入眼易、入脑入心难的问题不同程度地存在，有些教育者道理讲得滔滔不绝、头头是道，却说不到受教育者的心坎上。要解决好这个问题，思想政治教育就要讲究方式方法，注重在讲故事、抓细节上下功夫，为思想政治教育注入真理、真情、真实的力量。

用故事感染人。一堂好的思想政治教育课，让人回味无穷、印象深刻的一定是那些生动鲜活的故事。精彩的故事往往可以引起受教育者情感上、精神上的共鸣，能进一步增强受教育者的认同感和同理心。因此，要增强思想政治教育的针对性和实效性，就要真正把党的故事讲得有味道更精彩。在百年征程中，我们党向前迈进的每一步都付出了巨大的牺牲，涌现出一大批英勇牺牲的革命烈士、一大批矢志进取的英雄人物、一大批忘我奉献的先进模范，他们的事迹可学可做，他们的精神可追可及，他们的故事真实感人，这些都是开展思想政治教育最生动的教材。进入新时代，做好思想政治教育工作就必须坚持守正创新，在从党史、新中国史、改革开放史、社会主义发展史中深入挖掘素材的同时，也要注重从身边人和身边事入手，从看得见、摸得着的变化中阐述我们党领导人民取得的伟大成就，从脱贫攻坚、抗震救灾、抗洪抢险、抗击疫情等生动实践中讲述我们党对初心使命的坚守，从纠治"四风"、惩治腐败等一系列成果中阐释我们党勇于自我革命的勇气和决心，这样才能把党的故事讲得更实、讲得更透、讲得更好，让党的创新理论更加有效地"飞入寻常百姓家"。

用细节感动人。细节往往具有震撼人心的力量。开展思想政治教育，需要用真实、独特的细节感动受教育者。如果总是想着找到一把"万能钥匙"，对不同的人说同样的话，这样的思想政治教育只能是"雨过地皮湿"。这就要求教育者不断提高观察和判断事物的能力与水平，善于观察、善于发现、善于鉴别，既能见人之所见，又能见人所未见，在抓细节中抓住解决思想问题的关键。毛泽东同志说过："我们的眼力不够，应该借助于望远镜和显微镜。马克思主义的方法就是政治上军事上的望远镜和显微镜。"[1] 练好马克思主义这个看家本领，掌握马克思主义的立场观点方法，教育者的眼力就能大大增强，就能从细微处入手，使思想政治教育做到"一把钥匙开一把锁"。通过把脉受教育者在思想观念、行为方式和精神文化需求等方面的差异，针对不同

---

[1] 中共中央党校（国家行政学院）习近平新时代中国特色社会主义思想研究中心 [N]. 人民日报，2019-06-25.

情况对症下药，就能在满足受教育者的个性化需求中，让思想政治教育受欢迎易接受，增强吸引力和影响力。

用语言打动人。思想政治教育是一门科学，而语言是思政课的载体。开展思想政治教育，如果不讲究语言艺术，听者就可能无动于衷，或口服心不服，甚至产生反感。因此，在教育实践中，教育者只有注重语言的通俗化和大众化，让语言"活起来"、接地气，才能更容易为受教育者所理解。在中国革命遭受挫折、党内部分同志产生思想动摇时，毛泽东同志在《星星之火，可以燎原》一文中说："它是站在海岸遥望海中已经看得见桅杆尖头了的一只航船，它是立于高山之巅远看东方已见光芒四射喷薄欲出的一轮朝日，它是躁动于母腹中的快要成熟了的一个婴儿。"这样通俗易懂的语言，形象地描绘了中国革命的光辉前景，增强了红军将士誓将革命进行到底的坚定信心。由此可见，好的思想政治教育就要言之有"魂"、言之有"情"、言之有"物"、言之有"趣"，朴素中蕴含着大智慧，通俗中揭示大道理，趣味中给人以思考，让人既有如沐春风、如饮甘露的收获，又有拨云见日、豁然开朗的启发。唯有摆脱"八股文"式的说教，思想政治教育才不会出现"左耳朵进，右耳朵出"的情况，才能实现通俗易懂、生动活泼、引人入胜的效果。

网络教育与传统教育方式有很大的不同，网络教育形式更便捷，学生通过网络平台进行学习，改变了传统的线下教育方式，网络教育不会被时间地点所限制，随时随地，想学就可以学习，学习方式更方便，同时也适应了现在人们的生活需求。

第九章　全媒体时代高校思想政治教育的机制创新

第一节　全媒体时代"大思政课"建设

近年来，我国高度重视对"大思政课"的建设，注重培养青年学生热爱中国共产党、热爱社会主义国家。同时，也在对讲授这门课程的内容、方法和学生的喜爱接受程度进行研究和探讨。思政课看似简单，但是它对一个人的影响却是深远的。尤其是我们现在进入国家发展的新阶段，互联网对青年的影响也很大，所以在当下上好思政课更具有教育和引导的意义。"大思政课"丰富内涵，包罗万象。表面看它们之间都是独立的，但是在内在和本质上是有联系的。学习和讲授这门课程要能够融会贯通，要让学生多思考、多总结，而不是仅限于对单一的一门课程学习。只有这样，学生才能学有所得、学有所用。

我们还可以充分运用全国学习党史、学习新中国史的契机，对大学生进行思政课的教育。让他们参观、瞻仰红色教育基地进行爱国主义教育，也可以让他们多阅读相关书籍进行辅助式的学习，还可以组织他们观看相关的文献纪录片、电视剧、电影等，让他们直观而又深刻地理解中国共产党为什么"能"、马克思主义为什么"行"、中国特色社会主义为什么"好"，让他们在思想和认识上有提升，让他们通过学习真的有所收获、有所进步。

青年时期是人一生的"拔节孕穗期"。在这个时期做好教育与培养是非常重要的。祖国的未来需要青年人的建设和付出，只有上好了"大思政课"，我们才能为社会主义国家培养出更多有利于民族发展和国家富强的人才，我们也才能为实现中华民族的伟大复兴多作贡献。

一、思想政治教育现代化的时代意涵

"现代化"概念内在具有"时间状态"和"价值判断"的双重意涵。中国特色社会主义进入新时代，是一个具有中国价值和世界意义的现代化事件，深刻规定了新时代思想政治教育现代化的根本依据和科学内涵。首先，新时代明确了思想政治教育现代化的历史方位。基于我国发展的阶段性特征和社会主要矛盾的变化，把握思想政治教育现代化的当代使命。其次，新时代拓展了思想政治教育现代化的世界视野。从中华民族伟大复兴的战略高度定位，探索构建中国和世界相互交汇。最后，新时代提升了思想政治教育现代化的价值自信。坚持和发展中国特色社会主义的战略定力和科学预见，为思想政治教育现代化的守正创新提供了根本的价值依循。

二、思想政治教育现代化的重要课题

"新时代"有三条时间轴线：第一条轴线为 21 世纪马克思主义与世界社会主义，发端于 19 世纪中叶马克思、恩格斯对自由资本主义现代化模式的批判和超越。新时代思想政治教育现代化面临的一个基本问题就是"如何科学把握马克思主义与现代化的本质联系"。第二条轴线为中华民族伟大复兴与全面建设社会主义现代化国家，肇始于近代以来中国逐步沦为半殖民地半封建社会的悲惨境地。新时代思想政治教育现代化面临的另一个重要问题就是"如何更好服务中华民族伟大复兴与全面建设社会主义现代化国家"。第三条轴线是相对于资本主义发展模式，基于中国理念、中国道路和中国成就，开启探索新人类文明类型，可以追溯至 17 世纪的威斯特伐利亚和约。新时代思想政治教育现代化还面临的一个重要问题就是"如何处理好'中国认识'和'认识中国'的关系"。

三、思想政治教育现代化的发展进路

厚植理论根基，把握思想政治教育现代化的正确方向。加强马克思主义现代化理论研究，把握马克思主义将现代化理解为人的存在方式及其不断升级的深刻内涵，把握马克思主义为人类现代化发展奠定的科学实践基础。推进范式创新，提升思想政治教育现代化的科学水平。突出"实践"和"科学"两种理论取向，深入具体实践，构建起思想政治教育现代化理论体系。强化文明自觉，增强思想政治教育现代化的人文品质。思想政治教育现代化既是一种"文明现象"，也是一种"文明进程"。新时代思想政治教育现代化应不断强化文明自觉，培育人文精神，引领形成崇尚文明的新风尚。历史上，并非所有的价值观都能彰显自信。一种价值观的出现、强盛及其衰败，甚至被历史淘汰，既有一种优胜劣汰的过程，又跟其是否自信密切相关。

第二节　全媒体时代高校思想政治教育方法的运用原则

坚持以习近平新时代中国特色社会主义思想为指导，紧紧围绕深入学习贯彻党的二十大精神这条主线，深刻领悟"两个确立"的决定性意义，不断增强"四个意识"、坚定"四个自信"、做到"两个维护"，坚持和加强党对高校的全面领导，深入推动高校思想政治工作守正创新，坚决维护高校政治安全和校园稳定，强化"质量党建、精准思政、积极维稳、数字赋能、系统推进"，以全面实施"时代新人铸魂工程"为牵引，着力构建高校思想政治工作新生态，在实施科教兴国战略、加快建设教育强国、培养担当民族复兴大任的时

代新人新征程上迈出高校思想政治工作的坚实一步。

一、建立健全高校思政工作的评价体系

一是要将"过程评估"与"成果评估"相结合，以多元、多层次的方式，将"过程评估"与"成果评估"相结合，形成高校思想政治工作测评指标体系。将高校的思政和党建工作纳入"双一流"建设成效评估、学科专业质量评估、人才计划评审、教学科研成果评估等方面，纳入政治巡视、对地方和高校领导班子的考核、对领导干部的述职等方面。

二是将育人职责履行情况纳入考核评价的重要组成部分。"基于发展的评价观，将'对人的评价'转向'为了人的评价'，把教育的重心转向对学生能力的培养上。"① 课程思政教学质量评价体系的建立，主要聚焦于课程思政的教学目标、教学内容和教学方法是否围绕着专业育人展开。评价体系应该明确思想政治工作的目标和任务，包括培养学生的思想道德素养、培养社会责任感和公民意识等。评价目标应该与高校的办学定位和发展目标相一致，确保评价的导向性和针对性。要综合运用定性和定量的评价方法，如问卷调查、学生评价、专家评审、实地考察等，对思想政治工作进行全面评估。同时，可以考虑引入第三方评估机构的评估结果，提高评价的客观性和公正性。

三是要把教师和学生工作融入总体发展规划和每年的工作计划中，明确路线图、时间表、责任人，健全推动和执行的制度，从而指导广大的教育工作者提高他们的思政育人意识，提高他们的思政育人水平。建立完善的监督和责任追究制度，加强对执行不力的监督和评估。

作为思想政治工作的主要评估对象，加大对思想政治工作成效的评估力度。在对老师进行考核时，要以"师德"为首要的评判准则，建立能够协同作用的"社会共同体"。

---

① 杜彦武. 地方大学数学教育与基础教育互动发展研究 [M]. 长春：吉林出版集团股份有限公司，2019：255.

二、构建和谐高效的高校思政教育支撑协作机制

党的十八大以来，党中央高度重视各级各类学校的思政课建设。2019 年 8 月，中央提出了"思政课建设只能加强、不能削弱"的要求，这彰显了党中央对思政课的重视，也表达出党和国家对办好思政课的坚定决心。"办好思想政治理论课，最根本的是要全面贯彻党的教育方针，解决好培养什么人、怎样培养人、为谁培养人这个根本问题。"现在，我们已经进入中国特色社会主义新时代，我们更要注重思政课的教育，要落实立德树人的根本任务，坚持教育为人民服务、努力培养能够担当民族复兴大任的时代新人，培养德智体美劳全面发展的社会主义建设者和接班人。

坚持正确方向，用好工程教材成果。习近平总书记在学校思想政治理论课教师座谈会上指出："我们党立志于中华民族千秋伟业，必须培养一代又一代拥护中国共产党领导和我国社会主义制度、立志为中国特色社会主义事业奋斗终身的有用人才。"教材建设是铸魂育人的重要依托，是落实立德树人根本任务的关键所在。推动习近平新时代中国特色社会主义思想进教材、进课堂、进头脑，是工程建设的重大政治任务。进入 21 世纪以来，工程建设以教材为重要载体，为高校与时俱进做好"三进"工作提供了坚强支撑。高校以用好用活工程教材为基础，实现理论体系向教材体系、教材体系向教学体系的转化。此外，高校还全力承担工程任务，组织专家学者参与教材编写修订工作；规范工程教材使用，制定教材建设和使用管理办法，将统一使用工程教材情况纳入考核指标体系进而压实责任；创新教材运用方法，以工程重点教材为教学之纲，辅以辅学读本、案例分析、实证材料等，以增强教材的针对性和实践性。

办好思政课程，提升工程育人成效。青年是祖国的未来、民族的希望。青少年阶段是人生的"拔节孕穗期"，是思想进入最活跃状态的成长阶段，需要用思政课精心引导和栽培。习近平总书记指出："思政课是落实立德树人根本任务的关键课程。"工程深入贯彻《关于深化新时代学校思想政治理论课改革创新的若干意见》，通过师资、教材、教法改革创新，为深化思政课改革提

供了基础支撑，强化了思政课思想性、理论性。高校始终把"三进"工作作为重中之重、当务之急，通过抓课程更新、抓教学出新、抓方法创新等方式，推动思政课改革创新，让青年学生听得懂、能领会、可落实。比如，复旦大学开设习近平新时代中国特色社会主义思想系列课程，编写教纲、更新教案、补充课件，还专门为思政课配置2个实践学分、为必修课配置实践教学环节，包括"马克思主义理论活动周""治国理政全国大学生交流论坛"等，增强了思政课的亲和力、针对性。

回应时代要求，服务党的理论创新。习近平总书记指出："理论的生命力在于不断创新，推动马克思主义不断发展是中国共产党人的神圣职责。"[1]工程建设坚持强基固本、与时俱进，用党的创新理论武装头脑、教育人民，为高校办好思政课、建强马克思主义理论人才队伍、培养青年理论人才提供了关键支撑。及时跟进研究、全面系统阐释习近平新时代中国特色社会主义思想，是高校理论工作的首要政治任务。《习近平新时代中国特色社会主义思想三十讲》《习近平新时代中国特色社会主义思想学习纲要》等，不仅为广大教师提供了重要学习材料，也成为青年学生的必读书目。当代中国的实践创新，为理论发展创造了无比广阔的空间，也提供了新的研究课题。工程以重大问题为主攻方向，组织理论研究高层次人才开展集中攻关，推出了一大批有理论深度和决策参考价值的研究成果。面向未来，高校要深度参与工程建设，组建多学科"集团军"，加强马克思主义研究，同时重视马克思主义学院建设，建好马克思主义教育教学主阵地，切实把研究成果转化为育人成效。

三、营造良好思政教育软环境

学校要通过制定学校制度、校训、班风等方式对学生进行潜移默化的感染和引导，充分发挥文化环境对学生的思想政治感染力。

---

[1] 习近平. 用新时代中国特色社会主义思想铸魂育人　贯彻党的教育方针落实立德树人根本任务 [N]. 人民日报，2019-03-19 (02).

首先，利用校风突出学校的办学思想，创设良好的校园氛围和环境，能够对学生起到积极的陶冶作用。要在学校提倡良好的校风和学风，通过校风和学风感染教师和学生，使教师和学生同步受到熏陶。

其次，要营造良好的校园文化氛围，对学生产生潜在的价值观影响，文化氛围的影响更加具有潜在性和深刻性，产生的隐性教育效果更加持久。这就需要学校、老师和学生一起来创造，可以通过文艺活动、美术、音乐、科研活动和演讲讲座等方式进行文化氛围的培养，要使学习氛围严肃紧张活泼，对学生的文化修养、品行进行熏陶，使学生追求真善美，养成良好崇高的理想。

最后，也可以用张贴人物图像、标语、设计标识以及校服的方式培养学生的道德素养和价值观念。

四、将思政教育与学生管理体系结合

要创新学校的规章制度和校规校训等，要融入思政教育内容，充分利用思政教育元素优化学生管理制度规定，体现管理制度的人性化和科学化。在具体实施过程中，可以用思政教育指导学校规章制度的制定和实施，提高学生管理工作的灵活性。可以鼓励学生自我教育和自我管理，积极参与学校的实践活动，帮助学生养成良好的自我规范意识，提高参与学校事务的积极主动性。

同时，要进一步优化对学生的考核评价机制，当前处于网络信息时代，时代对学生的学业和道德水平进行评价的证据资源非常丰富，既有现实中同学老师之间的评价以及学生的上课表现、发言情况、情感表露，同时还能够结合网络教学平台的信息和自媒体设备上发表的思想动态以及社会和家庭的反馈等进行综合评价。

除此之外，还可以利用大数据进行学生评价，能够使各种学生素质转化为量化指标，建立健全的量化指标评价体系，不单单是通过考试等方式进行检验，可以在评价指标中融入学生的思想行为等，使学生评价工作更加深入和科学有效。

五、提升高校思政工作的队伍水平

大学思政工作的效果重在人。所以，要注重对重点人群进行常态化、制度化的培训，不仅要加大对高校思想政治工作队伍特别是基层党务工作人员的培训力度，还要对专业课教师进行有针对性的课程思政培训，提高大学思想政治工作的政治性、科学性、系统性和创造性。

第一，构建"理论—规范—课程—实验—基地"的"五位一体"的师资培训生态链，推动思政师资培训体系的提升。构建"高质量"的"理论—意识—行为"的生成机制。

第二，以"外循环"为导向，通过加强思政教师的挂职、扶贫、支教等社会实践活动，鼓励他们学习、考察、交流，加强思政课教研室建设，实行集体备课等方式，构建起一套完善的思政师资队伍，促进整个思政师资队伍的形成。

第三，以科技为动力，提高专业教师的思想政治素质的实效性。构建思想政治教育师资培养"云平台"，突破传统的时空环境、物质条件和人力资源的限制，实现远程、即时和全方位的指导和培养；构建高校与经济发达地区和经济欠发达地区之间的"高速通道"，为高校思政教学的平衡发展提供人才保证；利用大数据及深度学习技术，构建出一个课堂教学行为数据库，再用机器运算产生对教师专业技能的评价结果，从而突破传统教学督导与评价的局限，实现高效的思政教育运行体系。

思想政治教育是重要的系统工程，高校要共同发挥学校、教师、学生等方面的相互作用，同时要加强要素间的联合效用，使思政教育发挥最大的效用。为加强思政教育，学校管理层必须提高重视，使学校系统各环节积极参与，充分发挥学校的思想政治教育作用，要创新教育方法，利用隐性课程、文化传统以及环境情境等提高思政教育质量，重视以人为本教育理念，不断增强思想政治教育的效果。

第三节　全媒体时代高校思想政治教育亲和力建设

习近平总书记在全国高校思想政治工作会议上指出，要"提升思想政治教育亲和力和针对性，满足学生成长发展需求和期待"。亲和力的外在特征是受众对教育主体的亲近、认同及教育主体对受众的感召吸引，其内在实质为教育目的的人本性、教育主体的感召性、教育方法的恰适性、教育载体的相宜性、教育情境的相融性等多种因素有机融合以满足受众思想情感需求的能力。

据此，高校思想政治教育亲和力应界定为高校教育主体立足生活、有机融合思想政治教育内外构成要素，使思想政治教育活动促使教育主体与受众双方产生亲近感、认同感和和谐感的动力水平和能力。

一、提升教育内容的穿透力

在理论学习中"求实用"。毛泽东同志指出："按照实际情况决定工作方针，这是一切共产党员所必须牢牢记住的最基本的工作方法。"社会主义没有一成不变的套路，我们党的百年历程，就是不断推进马克思主义中国化的历程，就是不断推进理论创新、进行理论创造的过程。实事求是、求真务实是我们党历来的优良作风，必须一以贯之坚持。思想政治教育要培植"不唯书，不唯上，只唯实"的魄力，把实践作为学习理论的根本途径。

在党的发展历史中形成了数不胜数值得学习的精神。比如说在新民主主义革命时期。这一时期的革命精神，虽然在不同阶段，由于不同任务而各有侧重、各有特色，但也普遍体现为敢为人先、敢闯敢干的开拓精神，坚强不屈、不怕牺牲的斗争精神，实事求是、因时制宜的探索精神。这些宝贵的精神财富是新民主主义革命胜利的重要保证。

现在的我们，同样能感受到中国共产党的活力。我们生活中的物质与精神财富是与中国特色社会主义发展分不开的。在享受新时代福利和看到经济文化飞速发展的同时，我们更应饮水思源，学习和内化马克思主义原理，把它和新时代的中国具体实际结合起来，为党和国家事业贡献绵薄之力。《孟子》有云："生于忧患，死于安乐。"只有不断进取才能长久不衰，居安思危，我们要正确认识当前青年学生的前行道路，不要安于享乐。

二、提升教育主体的感召力

提升教育主体的感召力是提升思想政治教育亲和力的关键之举。美国心理学家霍夫兰在阐释态度改变模型理论时指出，在说服者、说服对象、说服信息和说服情境这四个态度改变所关联的基本要素中，说服者作为说服信息的传递者、说服情境的控制者和说服对象的影响者，起着至关重要的作用。

感召力是主体具有的一种神圣的、鼓舞人心的，能感染他人、吸引他人并受他人拥护的人格特质。马克思指出，如果你想要感化别人，那你就必须是一个实际上能鼓舞和推动别人前进的人。要提升教育主体的感召力，使受众因"亲其师"而"信其道"，须提升教育主体的教育情怀、道德情操和人格魅力，提升教育主体的职业能力和教学艺术，形成富有个性特征、深受受众欢迎的独特教学风格。

为此，教育主体要厚植自身的学识底蕴，成为本学科知识的学习者、思想者、研究者、探索者和创造者；要树立高远理想，培养高雅情操，以"温柔情怀"等姿态积极主动地了解受众的真实需求，建立温暖的情感链接，成为能感染受众、感动受众、感化受众、感召受众的魅力型思想政治教育主体，从而增强思想政治教育的吸引力和亲和力。

三、提升教育方法的创新力

提升思想政治教育方法的创新力，是增强思想政治教育吸引力和实效性的必由之路。高校思政工作要贴近师生思想实际，遵循教育规律、思想政治工作规律、学生成长规律。坚持改革创新，推进理念思路、内容形式、方法手段创新，增强工作时代感和实效性。方法作为理论与实践的"契合点"，是主客体之间的隐性媒介，方法创新要以现实问题为突破口。

因此，高校思想政治教育方法创新要以身处大变革、大转型、大发展的经济全球化时代的年轻一代的思想政治教育问题为切入点，以全球视野和思想政治教育学科现代化、科学化为大前提。在方法选择上应坚持综合化、时代化、中国化三大标准，遵循人本化、艺术化、生活化三大原则，在方法运用的全过程中应坚持开放协同、预测引导、反馈测评、动态调适，做好思政工作与其他工作的协同创新，构建课程思政、校园思政、社会思政紧密结合的"三维"思政课堂，实现高校真正的"立体化教学"与协同化"三全"育人。

四、提升教育价值的引领力

目标与价值引领是思想政治教育活动的起始点和目的地，是整个思想政治教育体系的统摄，在思想政治教育诸多内外关系和要素中起决定性作用。中共中央、国务院印发的《关于加强和改进新形势下高校思想政治工作的意见》指出，要"强化思想理论教育和价值引领"，"把思想价值引领贯穿教育教学全过程和各环节，形成教书育人、科研育人、实践育人、管理育人、服务育人、文化育人、组织育人长效机制"。

高校思政工作应以社会主义核心价值观为引领，集成各种有效载体、平台，凝聚各种育人资源，聚焦自身的教育价值引领力建设，实现思想政治教育个体价值与社会价值的有机统一。通过扎实的理论教育和有效的实践体验，引导受众坚定马克思主义信仰，彰显思想政治教育的政治引领力；通过树立道德典型、开展志愿服务、关爱弱势群体等多种途径，让受众成长为新时代道德高尚的好公民，彰显思想政治教育的道德引领力；通过大学精神塑造、党群团学活动开展、校园文化建设、校风学风培育等方式，以文化人，以文育人，彰显思想政治教育的文化引领力；通过拓展实践平台、创新实践形式、完善实践机制，教育引导师生在亲身参与中增强实践能力、培育家国情怀，彰显思想政治教育的行为引领力。

第四节　全媒体时代高校思想政治教育的支撑和保障

要进一步推动党建和思想政治工作成效从高校改革发展"软指标"成为"硬约束"。加快配齐高校辅导员、组织员等队伍，畅通发展路径，提升专业能力。统筹发挥骨干和专家队伍的示范带动作用，提升前沿性、创新性工作研究质量。

一、提升思想政治教育者的素质

思想政治教育者是指依据一定社会发展的要求，对思想政治教育对象的思想品德施加有目的、有计划、有组织的教育影响的个体或群体，是思想政治教育活动的发动者、组织者和实施者。广义的思想政治教育者包括专职教育者、兼职教育者、那些在特定时间和空间对特定对象开展某种思想政治教育活动的人。本章的思想政治教育者主要是指专职教育人员。

思想政治教育者不是以个人身份而是以统治阶级代言人的身份，不是以任何个人或小集团的愿望和要求而是用统治阶级的意识形态影响教育对象，其职业身份和工作内容都具有鲜明的阶级性。

一要改变传统教学观念。当前校园中的思政课有不少是照本宣科、流于形式，沦为"点名课""刷分课"，学生不爱听以老师为中心，照本宣科、灌输式的教学，难以让思政课的内容内化于心、外化于行。因此要上好思政课，就要树立以学生为中心、老师为主导、学生为主体的思想，探索思政课新的"打开方式"。如老师可以在课堂与学生谈人生，让道理融入生活；可以鼓励学生自己走上讲台，在与同龄人的对话中实现感情上的共鸣、精神上的共振等。

二要灵活运用教学方法。在教学过程中应该根据具体教学内容和学生情况，灵活运用探究教学、体验教学、情景教学等现代教学方法，以及多媒体等先进的教学手段，创设课堂氛围，调动学生思考、学习的积极性。只有这样，才能提高课堂教学质量和效益，让学生在课堂教学过程中潜移默化、和风细雨地改造世界观、价值观和人生观，培养成为合格的建设者和接班人，实现思政育人目标。

三要结合实际开设课程。当前是一个信息爆炸的时代，技术日新月异，平台五花八门，人们获取信息的方式发生了革命性变化，思想纷繁、价值多元成为社会的常态。当代青年体现出了鲜明的代际特征，城乡地域、教育水平、年龄性格等的具体差异和偏好也决定了需要不同的思政课内容，因此学校在开设思政课的时候要根据学生的不同阶段差异化进行教育。而且思政课既要"言传"又要"身教"，教师本人就是教材的一部分，"政治要强、情怀要深、思维要新、视野要广、自律要严、人格要正"六个方面缺一不可，这样的老师在讲思政课时，才能紧扣时代的脉搏、贴近青少年的心灵，为思政课打开一片新的天地。

二、加强校园文化建设

新媒体时代的特征是内容多样化、参与平等性、主体交互性、信息共享性和潜在风险性。这种新媒体成了对学生影响最大的"亚文化"，容易误导学生的价值取向，冲击传统思想政治教育的工作效果，弱化了教师传统的主体地位。那么，如何改变传统文化产生的消极影响呢？最有效的方法是扬长避短，变不利条件为有利条件，利用网络的时效性、便捷性优势和网络文化的开放性、丰富性等特征，抵制"亚文化"的消极影响，建立引导校园健康的主流文化。笔者认为主要做好以下四点：一是加大投入。硬件设备舍得更新，软件开发舍得花钱，网络人才舍得培养。二是全员建网。学校网、院系网、部门网、专题网，教师和学生网页互联构成校园网。建网要有责任担当，要抵制低俗，贴近学校生活和师生。三是引导主流。要做到精英文化大众化，大众文化精英化；集中权威，传播正能量；发出最强音。四是加强监管。对学校网络要安排专人负责，加大监督、监控与监管力度。

高校形象文化包括物质文化和精神文化。物质文化又包括校园环境、校道广场、园区建筑、雕塑、校史馆、博物馆、古籍馆、图书馆、艺术馆、展览馆、形象识别系统、房屋道路名称等。精神文化包括校风、教风、学风、班风、作风、校旗、校歌、校徽、校训等。物质文化要有文化特色，精神文化要有学校个性。这些形象文化凝练的是历史、是传统、是特色、是理念、是形象、是自信。这样由小及大，让学生真正热爱学校，尊重文化，尊重我们的民族与国家。大学生通过欣赏、理解、分析、研究各种艺术的经典作品，比如音乐、舞蹈、美术、诗歌、影视、戏剧等，被其中的人物形象、审美情境所吸引产生强烈的情感反应，在对比中受到启迪、教育，增强针对真善美、假恶丑的辨识力和判断力，坚定在现实生活中惩恶扬善、坚持正义的理想信念。①

加强校园文化建设是把握高校意识形态主导权的内在要求，我们党在方针策略上也始终给予了高度重视。创设学校环境文化，凝练学校历史文化，把校园文化建设作为把握高校意识形态主导权的着力点，取决于两者一致的价值诉求，在理论上有着内在机理式的关联。高校的校园文化建设必须引领师生树立中国特色社会主义的共同理想，继承和弘扬民族精神与时代精神，践行社会主义核心价值观，努力构建和谐、健康、向上的大学校园文化。当代中国的社会环境的影响因素与大学校园文化的特征结合，共同作用于大学生个体，与当代大学生对待意识形态问题的心理反应特点相互联结形成一个复杂的合力体，从而对大学生主流意识形态产生影响。

---

① 魏可媛. 新时代高校艺术教育研究 [M]. 北京：新华出版社，2023：5.

文化是大学之魂，价值观是文化的核心内容。一所高校，校园文化引领整合大学的价值理念，形成基本的校园规范、行为准则和价值认同。文化因交流而多彩，文化因互鉴而丰富。文化交流互鉴，是推动人类文明进步和世界和平发展的重要动力。只有增强与确保学校文化在意识形态工作中的话语权，使大学生在潜移默化中成为社会主义核心价值体系的深入学习者、坚定信仰者、积极传播者和模范践行者，努力把大学生培养成中国特色社会主义事业的合格建设者和可靠接班人。

三、加强大学生思想政治教育

加强大学生思想政治教育，核心是坚定理想信念。加强大学生思想政治教育，就是要深化中国特色社会主义教育，用中国特色社会主义理论体系武装大学生头脑。增强大学生思想政治教育实效性，就是要让大学生"真学、真懂、真信、真用"，不断增强他们的理论认同、政治认同和情感认同，用国家富强、民族振兴、人民幸福的"中国梦"凝聚力量，引导他们将个人前途与国家发展结合起来，坚定理想信念，励志刻苦学习，积极投身实践，不断激发他们投身社会主义事业的巨大热情。深入开展中国特色社会主义和中国梦宣传教育，坚定理想信念，是增强大学生思想政治教育针对性实效性的核心内容。

加强大学生思想政治教育，路径是服务学生发展。开展中国特色社会主义和中国梦教育，要与立足学生全面发展相结合，着力增强学生社会责任感、创新精神和实践能力，将大学生思想政治教育充分融入学生发展指导和事务管理各项工作中；要与培育和践行社会主义核心价值观相结合，引导学生以传统文化素养固本、以优秀公民素养立身、以崇高理想信念铸魂，做深做实大学生思想政治教育工作；要与加强宣传思想阵地建设相结合，通过牢牢把握课堂、网络、学生组织、校园活动的主导权和话语权，在服务学生健康成长的同时，使中国特色社会主义理论入脑入心。

服务学生发展，做好"结合"文章，是加强大学生思想政治教育的必由之路。加强大学生思想政治教育，关键是加强组织领导。加强大学生思想政治教育，要从战略工程、固本工程、铸魂工程的高度明确任务，要以守土有责、守土负责、守土尽责的状态投入工作，统一思想，真抓实干；要将加强大学生思想政治教育融入高校综合改革，完善顶层设计，优化工作机制，不断提高大学生思想政治教育质量；要切实加强队伍建设，特别是辅导员班主任队伍建设，落实教师教书育人"一岗双责"要求，完善全员全过程全方位育人格局，全面落实立德树人根本任务。加强组织领导，是加强大学生思想政治教育的根本保障。

第一，加强思想政治教育工作有助于增强国民的政治素质，为中华民族伟大复兴之中国梦的实现保驾护航。思想政治教育的核心与重点是政治思想教育，通过传播政治理论和政治价值观，帮助受教育者建立起相应的政治信仰。当前社会，竞争机制造成人们在利益上和心理上的激烈冲突，西方社会思潮使很多人的思想产生了混乱和彷徨，极"左"路线的流毒在小部分人中尚有影响，西方国家在意识形态领域的隐性渗透诱使部分人腐败堕落和违法犯罪，等等。这些环境变化对思想政治教育工作提出了更高要求。因此，我们要加强思想政治教育中的核心与重点，即政治思想教育，帮助国民进一步建立对马克思主义的信仰和对中国特色社会主义的信念，保证经济工作和其他一切工作的社会主义性质和方向，保证党的路线、方针和政策的贯彻落实，为中华民族伟大复兴之中国梦保驾护航。

第二，加强思想政治教育工作有助于提高国民的思想品德和心理素质，促进社会治理的进一步完善与和谐社会的进一步发展。思想政治教育要解决的特殊矛盾就是社会发展所需要的思想品德和心理素质与受教育者现有水平的矛盾，也是德治所要解决的主要矛盾。德治和法治都是社会治理的重要手段，两者并不矛盾，而是相互补充，缺一不可。德治是法治的基础，法治是德治的依靠。当前社会，青少年犯罪日渐增多，"常回家看看"等本应属于德治领域的规则变成法律，不文明的言行经常见诸媒体，这就是忽视德治所带来的不利后果。因此，我们在不断健全社会法治的同时，也要进一步发挥德治之教育、启发、引导和规范的作用，通过思想政治教育将社会发展的要求内化为国民的思想品德和心理素质，推动国民的思想品德和心理素质的社会化，促进社会治理的进一步完善与和谐社会的进一步发展。

第三，加强思想政治教育工作有助于培养新时期所需要的高素质人才，保障中国特色社会主义伟大事业的全面推进。人的全面发展离不开全面教育，而思想政治教育不仅是全面教育的重要组成部分，而且是发展全面教育的根本性保证。思想政治教育是一种有目的、有计划、有组织的综合教育活动：既包括政治思想教育，也包括哲学思想、法学思想、经济思想等综合思想教育；既包括道德品质教育，也包括心理素质教育。因此，思想政治教育是一种完善人格的综合教育实践，在中国新时期高素质人才培养中将发挥重要作用。

思想政治教育是我国精神文明建设的首要内容，也是解决社会矛盾和问题的主要途径之一。高校思想政治教育十分重要，又相当难做，尤其是在市场经济的条件下，我国的思想政治工作存在着相对疲软的状况，很不适应现代社会发展要求。造成思想政治工作不力的原因很多，但其中重要的一个原因是长期以来我们忽略了人格教育及培养。人格教育是思想政治教育的基础，没有这个基础，思想政治教育就犹如无根的浮萍，总是漂流在人的思想表面而不能深入下去。

四、持续提升思想政治工作质量

广大高校要认真学习贯彻习近平总书记在全国高校思想政治工作会议和学校思想政治理论课教师座谈会上的重要讲话精神，强化为党育人、为国育才使命担当，落实立德树人根本任务，遵循思想政治工作规律、教书育人规律和学生成长规律，以全面提高人才培养质量为核心，坚持围绕学生、关爱学生、服务学生，持续提升学生思想政治工作质量，努力培养堪当民族复兴重任的时代新人。

（一）加强组织领导，深化改革促协同

成立学生工作指导委员会，构建分工明确、运转协调、高效精干的学生工作体系。优化党委学生工作部职能，建立党委学生工作部定点联系院（系）工作机制，深化校院两级协同联动，着力构建本研一体管理、协同推进的大思政工作格局，充分凝聚育人合力。建立健全"三全育人"长效机制，制定《"三全育人"综合改革建设方案》，明确综合改革路线图，进一步提升育人成效。制定《关于进一步加强和改进辅导员队伍建设的实施办法》，选优配强辅导员队伍，推动辅导员队伍制度化、系统化、规范化建设，不断夯实思政育人工作基础，为学生健康成长与全面发展保驾护航。

（二）突出思想引领，培根铸魂守初心

今时今日，面对历史性的新变化和新任务，我们仍需坚持马克思主义及中国化创新理论武装思想政治教育者的头脑。在成长成才的人生正道上，思想政治教育者应自觉厚植马克思主义理论，在真学真信中坚定理想信念、在知行合一中主动担当作为。坚持以习近平新时代中国特色社会主义思想为指导，不断强化学生思想理论武装。完善多级培训体系，每学期举办习近平新时代中国特色社会主义思想研修班。推动各班级、党支部围绕深入学习习近平总书记系列重要讲话精神，积极开展社会主义核心价值观教育。充分发挥榜样示范带动作用，开展丰富多彩的主题教育，大力塑造学习榜样、争做榜样的良好风尚。

精神的力量是强大的。理论书籍中有丰厚的精神滋养，党史中有蓄积百年的底气和力量。凡是经典文学、艺术作品都具有厚重的情感积淀，在理性规范的想象中诱发读者、观者的情感动因，培养、激发生命个体形成超越生物性特质的高级情感，把在生活中产生的个人欲念变成渗透理性光芒的高尚情操。[①] 当风险挑战和矛盾问题在眼前频繁出现，思想政治教育者要能够坚守信仰、坚毅勇行，保持"风雨不动安如山"的定力，在纷繁复杂的形势下能

---

① 魏可媛. 新时代高校艺术教育研究 [M]. 北京：新华出版社，2023：6.

够练就一双"慧眼",穿透迷雾、穿过表层,直达问题的本质与核心,具有解决问题的韧劲。迈进新征程,我们所面对的目标和任务一个比一个艰巨,挑战考验着我们的决心和毅力,要谋细谋实、实干苦拼,在干事创业中走在前列、干在实处。在重大活动和重要时间节点,广泛开展"我和我的祖国""使命在肩、奋斗有我""永远跟党走"等主题教育。依托主题党团日、新生教育、师生讲党课、社会实践、志愿服务等,面向全体师生,开展多形式、分层次、全覆盖的爱国主义教育、党史学习教育等,进一步拓宽思政育人载体,引导学生厚植爱党爱国爱社会主义情怀。

(三)拓展育人平台,多措并举强实效

理论学习不但要入耳入眼,更为关键的是要入脑入心,这就要求思政教育者在思政教学中要用心学、重领悟、深思考。一方面,在规定的教学任务中,要把学习计划与工作任务提前沟通,确保"沉浸式"学习,让每次学习都有更加深入的感悟;另一方面,在自学时要拿出足够的时间,反复学、深入学,持久学。先从自己感兴趣的科技或经济等知识学起,慢慢培养学习习惯,避免"半途而废",然后尝试学习更多的理论知识,最终把自己放进去、把职责放进去、把工作放进去,不断练就过硬本领,真正把"要我学"转变为"我要学",从"学一阵"转变为"学一生",切实把思想收获和学习成果转化为敢于担当,忠诚履职的执政本领和实际能力。

构筑全方位、多样化的文化育人平台,充分发挥开学典礼、毕业典礼等活动的育人功能,积极营造"安全、卫生、和谐、文明"的宿舍文化以及主题鲜明、形式多样的校园国防文化氛围。拓展长效性、服务型实践育人平台,开展暑期社会实践和寒假返乡调研;不断创新实践形式,与国家机关有关部门、企事业单位建立接收大学生实习实训机制。打造矩阵式、精品化的网络育人平台,通过举办网络文化大讲堂、网络素养训练营、网络作品创作大赛等,涵养青春向上、积极向善的校园网络文化。

(四)聚焦学生需求,服务成长促全面

推进就业育人"使命"工程,将就业教育和就业引导作为"三全育人"的

重要内容，坚守教育报国初心，实施"四有"好老师启航计划，举办基层就业论坛、就业经验分享会等，深入开展就业育人主题教育，引导毕业生到基层、到西部、到祖国最需要的地方建功立业。开展心理育人"心灵"工程，发挥心理学科优势，实施心理健康教育攻坚计划，构建四级危机预防与干预体系以及全覆盖、全方位、全员关注的心理健康和危机预警机制。

每年开设不低于20门次的公共选修课程，定期开展学生思想动态调研、深度辅导和心理疏导工作，及时掌握学生身心动态。打造朋辈互助体系，积极开发团体心理辅导项目和心理服务项目，不断提升学生的心理健康素养。建设资助育人"励志"工程，结合家庭经济困难学生的成长经历和发展需求，建立"经济援助—素质提升—思想引导—品质锤炼"相贯通的资助育人体系。

（五）提升思政队伍水平，建立顺畅协作机制

高校思想政治工作的成效主要依赖于人员，因此我们应该重视对关键群体进行常态化、制度化的培训。这既包括加强对高校意识形态工作队伍，特别是基层党务工作人员的培训，也要系统地对专业课教师进行课程思政培训，努力提升高校思想政治工作的政治性、科学性、系统性和创造性。首先，通过学科交叉融合，建立理论、标准、课程、实验室和基地的"五位一体"教师教育生态链，实现思政教师教育系统的升级。明确教师高素质内涵，并在此基础上提出"理论—意识—行动"的专业素质形成机制。其次，通过资源整合驱动的"外循环"，可以增加思政课教师参与挂职、扶贫、支教等社会实践活动，支持思政课教师的出国研修、考察和交流，加强思政课教研室的建设，实施集体备课制度等措施，为思政教师提供专业能力提升的支持体系，整体提升思政教师教育的水平。第三，通过技术赋能驱动，提升专业课教师的思政素养和培养能力。建立思政教师培训的"云平台"，实现远程、即时、全方位的指导培训，克服传统时空环境、物质条件和人力资源有限等限制因素；建立大学与发达地区、欠发达地区之间的"高速通道"，为思政教育的均衡发展提供良好的师资保障；通过大数据和深度学习技术，建立课堂教学行为数据库，通过机器运算生成教师专业技能的评价结果，克服传统教学督导和评

价的局限性，实现高效的思政教育运行体系。

高校思想政治工作是一个多主体力量相互联系、相互作用、相互影响的过程，这些力量的相互作用和矛盾运动构成了高校思想政治工作的整体体系。因此，高校思想政治工作必须以体系化统筹为切入点和着力点，形成合力。首先，需要加强校内外的协作，建立高校与政府相关部门的信息共享机制。通过充分整合来自机关部门、教辅单位、教研室和保障部门的政策、经费、理论、经验等资源，构建各单位之间的合作共赢新生态，挖掘高校思想政治工作共同体的合作潜力。推动形成全党全社会努力办好思政课、教师认真讲好思政课、学生积极学好思政课的良好氛围。其次，需要加强校外相关部门的联动，协调解决制度文件冲突等问题。建立管理服务综合体系和配套制度，分析体系内部各个要素之间的内在关系。加强要素层次之间的双向互动、沟通协调，通过改变环境等因素增强要素之间的联动，以优化整个复杂系统的功能，形成全面的思想政治工作格局。再次，需要妥善处理意识形态、思想政治工作与保密要求之间的关系，给予一定范围的知情权。最后，要加强对非部属高校相关业务的指导，发挥党建和思想政治工作领导小组等各类议事协调机构的作用，凝聚工作合力。

（六）健全思政评价体系，加强课程建设指导

科学的评估体系和规范的评估流程是确保高校思想政治工作体系具有针对性和实效性的关键因素。因此，需要建立完善的高校思政工作评价体系，明确在业务工作层面对意识形态的评价指标，促进思政工作与业务工作的深度融合，将思政工作贯彻到高校各个层面的业务工作中。具体而言，首先要建立一个将过程评价和结果评价有机融合的实施机制，构建多元多层、科学有效的高校思想政治工作评价指标体系。这包括将高校党建和思政工作作为评估"双一流"建设成效、学科专业质量评价、人才项目评审、教学科研成果评比的重要指标，并纳入政治巡视、地方和高校领导班子考核、领导干部述职评议的重要内容。其次，要将育人职责履行情况纳入考核评价范围。具体而言，将高校思想政治工作纳入整体发展规划和年度工作计划，明确路线图、

时间表、责任人，完善推进落实机制，引导广大教育工作者增强思政育人意识、提升思政育人能力。要健全督导问责机制，对履职不力、不及时的加大追责力度，强化高校思想政治工作的督导考核。最后，要将师生纳入意识形态工作评价的主体，增加对意识形态工作成果的评价。在教师评价中，将师德师风作为首要标准，形成共同发挥效应的学术共同体。

以培养符合时代要求的新一代人为核心目标，我们要着力实施立德树人的根本任务。思想政治课程是高校思政工作的主要阵地，对思政工作的实施程度具有重要影响。首先，我们应加强各专业教学指导委员会在课程思政指导方面的职责，做好顶层设计，为思政课提供良好的保障和指导。将思政课程建设纳入学校的发展规划，对思政课程的守正创新给予政策支持。其次，我们要加强研究，制定和颁布规范性的专业课程思政教学指南，并对专业教师进行分类指导和培训。要抓住"教师思政"的关键点。教师队伍的整体素质决定了学校思政工作的水平，我们要不断提高思想政治理论课教师的教学能力和媒介素养，打造高素质的教师队伍。最后，我们要在基层建立课程思政和思政课程联合备课机制。以师风为引领，引导高校和教育行政部门构建以德育人的"培育—治理—评价"的思政课程建设三维模型，发挥院系的专业作用，培养教师的全面育人能力。改革传统的知识讲授型思政课程，同时将立德树人融入教育实习和见习课程，引导教师树立师德意识，以此塑造思政教师的专业信念。形成构建新时代思政课程建设的外部环境，树立思政课程建设的高层次理念，并推进思政课程建设的分层一体化落实机制。